WELCOME TO AMERICA

Noga Sklar

WELCOME TO AMERICA

1ª Edição
POD

KBR
Greenville
2017

Coordenação editorial **KBR**
Design de capa **KBR|Noga Sklar**
Ilustração da capa **"Avenue in the Rain", óleo sobre tela de Childe Hassam, 1917**

ISBN edição impressa: 978-1-944608-51-4
ISBN edição digital: 978-1-944608-50-7

KBR Digital Publishers LLC.
www.kbrdigital.com
www.facebook.com/kbrdigital
contact@kbrdigital.com

Greenville - SC
1|864|373.4528 / 55|21|3942.4440 (Brasil)

LCO019000 — Ensaio/ Mulheres autoras

*Para meu marido Alan, que me
proporcionou a oportunidade e me propôs o desafio de emigrar
para os Estados Unidos.*

Aqueles que nunca sofreram as iniquidades do exílio não podem entender o significado, a profundidade de um colchão.

Ariel Dorfman

Sumário

Janeiro de 2014, uma prévia

O NOVO HERÓI AMERICANO
(SÓ UMA OLHADINHA)

Eu confiaria a minha vida ao belo rapaz ao meu lado, ao volante da decadente caminhonete, "dirigindo pela floresta" (gole de vodca).

Alan ficou dormindo em casa.

Alguém aí já "dirigiu pela floresta"? São estradas temporárias, estreitas, muitas vezes sutis, engolidas eventualmente pela "floresta temperada de chuva". Muitas aspas num mundo completamente estranho para mim.

Meu filho, aparentemente (porque não perguntei, não estava preparada para discutir a resposta), coleciona armas, de não sei que calibre àquele outro calibre que não conheço tampouco. Está preparado para *"whatever"*, *"whatever"* significando de um urso na mata a uma invasão da América pelos chineses.

Alan assim explica a quantidade de garrafas de água sob a pia da casa pré-fabricada (ataque, invasão), mas, peraí, descubro nesta madrugada que se trata apenas de uma provisão para o caso de a água congelar nos canos devido ao frio da madrugada.

Grande garoto (gole de vodca). Grande soldado. Grande amante (apenas imagino, obviamente).

É a primeira vez, acreditem, que interajo com ele de verdade. Tem 25 anos de idade. Quando o conheci, há 5 anos, agimos como estranhos, mas agora, por alguma razão, somos mãe e filho, sou sua "madre" — meio mexicana, talvez (gole de vodca) —, cozinho para ele, nos aventuramos juntos pela floresta, recebo um beijo no rosto quanto ele sai de manhã para trabalhar. Uau.

De uma hora pra outra amo de paixão meu filho americano, exatamente como se tivesse saído de dentro do meu ventre (exagero, licença poética). E no momento seguinte me preocupo com ele: por que compraria no posto de gasolina uma garrafa de água (parece água, embora a embalagem plástica faça parecer-se a um líquido azul, talvez uma espécie benigna de absinto, chamado de "Neuro" qualquer coisa) que promete diminuir o estresse e aumentar a acuidade mental?

Enfim, ele me oferece a bebida, que é publicamente liberada (América estranha), mas eu hesito. Prefiro me limitar à vodca bem conhecida (gelo picado, casquinha de limão, falar nisso, não sei lidar com essa geladeira que pica gelo, faço da cozinha uma zona e Daisy, a cadela, lambe tudo com gosto, certo, mundo estranho, outro gole de vodca).

Meu filho é motivo de orgulho para mim, uma espécie evoluída de pessoa que até hoje eu desconhecia ("nunca vi nada parecido na minha vida", Alan comenta falando de outra coisa, mas muito a propósito), muito focado, homem de negócios, criando sua primeira empresa, nem vou contar o que é, por enquanto. Vamos combinar, não sei nesta casa o que é segredo de Estado ou não, nem é sua primeira empreitada na verdade, tendo a anterior caído no esquecimento por incompetência do servidor brasileiro que lhe ofereci e paguei eu mesma por inúteis oito ou nove meses, até descobrir que, embora continuassem me cobrando mensalmente, o domínio havia caído faz tempo. Ah. Brasileiros (é, ainda me lembro).

Era uma empresa (a do meu filho, não o servidor) que se propunha a comercializar madeira e a criar cavalos na incrível propriedade de floresta que ele adquiriu há uns três anos, e agora está empenhado em vender. Fiz o vídeo, desenhei o website. Tudo passado. O tempo passa.

— Não acha melhor esperar um pouco? — arrisco (Alan me alerta para eu não me meter com ele, melhor — ou pior, sei lá —, na vida dele), sabendo por ele mesmo que a região está passando por um período de expansão.

Ele responde que no momento a hipoteca é um peso para ele, quer se ver livre da despesa, livre do sonho que sonhou faz pouco (da propriedade, da caça para sobreviver, da floresta, da liberdade), viver a vida depois de dez anos de trabalho intenso. Eu entendo (mais um gole de vodca). E como.

— Toma mais um gole de vodca, pai — diz o nosso filho, para o Alan parar de chatear.

Gente. Devo confessar. É tudo que tenho procurado, alguém para me ajudar a fazer o Alan se calar. A conversa que se segue entre pai e filho não dá para compartilhar, mas adianto que inclui balas (de revólver), calibres, surpresas ao atirar. Fui.

Prefiro sonhar. A propriedade que ambicionamos, Alan e eu, tem um amplo horizonte a nos convidar, uma casa linda que lá pretendemos plantar, e neste exato momento perco de repente a paciência de estar corrompendo sem remédio as minhas tão ambicionadas férias, e tchau procês.

Veremos o que há de rolar, isto é, se os chineses custarem a atacar.

DE OUTUBRO DE 2014 EM DIANTE

Escravidão branca

Eu sabia que não ia ser tão simples essa mudança radical, mas, sinceramente, não imaginava que iria me sentir tão confusa numa sociedade onde a regra geral é a simplicidade. Francamente. Nestes primeiros dias (hoje faz uma semana que aterrissamos) tenho chorado, de frustração, cansaço e tensão, quase todo dia.

O cansaço e a tensão são por motivos óbvios, mas a frustração, preciso confessar, é por ser tão metida, por não ter nascido sabida, como se diz em Minas, nossa, como está ficando chique ser mineira! Vamos para o Planalto ao que tudo indica, gente boa! Só fica faltando eu adotar a proverbial discrição dos meus patrícios, da qual como vocês sabem não compartilho "de jeito maneira".

Mal comparando, claro, porque a mudança é muito mais radical em todos os sentidos, apesar de não incluir desta vez uma mudança de marido, lembra os tempos de Brasília, em que eu sempre me perdia e nada entendia, porque todas as ruas e quadras de lá são numeradas em sequência como todo mundo sabe. Acho que viver emaranhada é uma espécie de segunda natureza para mim, e para modificá-la, ou me livrar dela, vou precisar de uma daquelas fantasiosas "substituições de DNA" em que eu costumava acreditar nos meus tempos de xamã, cheguei até a sonhar que havia passado por uma delas. Doideira.

O excesso de lei & ordem, é claro, leva a absurdos, mas nem de longe àqueles absurdos a que estamos acostumados, nós, brasileiros, pela radical ausência de ordem & lei, sabem como é. No hotel em que nos hospedamos, por exemplo, me revoltei, imaginem que saímos de manhã para fazer um quaquilhão de coisas, e quando voltamos, cansados, à noite, tinham nos tirado o quarto, e tirado do quarto todas as nossas coisas, colocando tudo em sacos plásticos, até os restos de comida da geladeira e a roupa suja. Expulsos!

Fiquei uma fera. A questão é que Alan tinha pagado três dias adiantado através de um site terceirizado, e como eles não tinham nosso cartão de crédito, foram logo concluindo que a gente daria o "bote" e nos botaram para fora. E não foi só isso. No dia seguinte, já de posse do cartão, mesmo assim bloquea-ram nossa chave, digo, cartão de acesso, dessa vez porque não tínhamos assinado o recibo de autorização! Caramba!

Outra coisa interessante é que cortei meu "dedo de es-critora" na maçaneta do carro alugado, aquele com o qual cato milho diariamente para sobreviver e divertir vocês. Foi uma sangueira! Fotografei, e estou doidinha para processar, princi-palmente porque no Brasil, vocês se lembram, sempre estive do lado errado da lei.

Lei? Que lei? Vamos ver no que vai dar, adoraria expe-rimentar.

Vou logo contando os podres que é pra não despertar inveja logo de cara, vocês me entendem. Quero que vocês con-tinuem pensando que o Brasil é o melhor lugar do mundo para se viver, e se não é, poderia se tornar, principalmente depois que toda essa merda em que nos mergulharam — a contragosto, é claro, a não ser para os que se cagaram, ops, desculpem — for despachada esgoto abaixo que é o seu lugar. Tomara.

Quanto à bela Greenville, já ficou óbvio que "atiramos no que vimos (pelo Google Maps) e acertamos no que não vi-mos". Ficamos sabendo, por exemplo, numa conversa com o gentilíssimo, riquíssimo e educadíssimo sujeito que nos vendeu o lote de Paris Mountain, que há muitos anos atrás uma turma de poderosos, respaldados por uma esperta equipe de advogados, adquiriu uma enorme parcela da floresta que nos cerca e mais, não apenas um, mas dois mananciais perenes de água, o que garante *ad aeternum* à cidade uma qualidade ecológica de vida, além da melhor água dos Estados Unidos, que tal isso como "esperteza"? Existe até um livro sobre o assunto, *The Blue Wall*, que farei questão de ler, claro, assim que a poeira assentar. Acho que vou comprar na superbacana Barnes & Noble do lado aqui de casa, é, pois é, as coisas mudam quando a gente é local, lembram minha paixão incondicional pela Amazon? Em tempo: o livro não existe em versão ebook e ainda adoro o meu Kindle, ok?

Não se trata apenas de primeiro mundo, pois, mas de uma escolha de primeira no primeiro mundo. Alguns chamam de "destino". Outros de "sabedoria", "intuição", sei lá. O fato é que aqui viemos parar, nesse "fim de primeiro mundo" espetacular. E para nossa sorte, máxima sorte, acabo de descobrir que o vizinho do lado é um velhinho simpático e... surdo, o que ainda por cima nos deixa à vontade para brigar como sempre brigamos. Eita!

E por falar em escolhas de primeiro mundo, francamente, é de enlouquecer. Eu, pelo menos, que me arvoro de "não consumista", tenho ficado maluca, e deixado o Alan doido. Isso, porque estou sendo boazinha com ele — na crônica, digo, já já explico essa coisa de escravidão branca, tenham um pouquinho de paciência. Já me aconteceu três vezes em três dias, enquanto eu tentava fazer escolhas sensatas para equipar uma casa a partir do nada quase absoluto com que emigramos do Brasil (ui, será que já estou sendo vigiada pela imigração?). Só trouxe um ex-voto de Antonio Maia, uma escultura de GTO, dois kilins e as *flûtes* de cristal da Boêmia que herdei de mamãe — tudo que mantive da minha vida pregressa. As taças eram 11 (a 12ª foi quebrada num réveillon na Timóteo da Costa, pelo saudoso Maurício Sette, deixando-o muito sem graça), mas por um motivo misterioso aqui só chegaram oito, tá bem, oito tá de bom tamanho para manter a tradição dos "falsos Cohens", não é mesmo? Dá muito bem para um brinde em família no futuro, com nossos dois filhos e suas próprias famílias, porque até os netos que ainda nem foram concebidos poderem brindar conosco... hum, melhor esquecer.

Voltando às escolhas, a pessoa entra naquelas lojas gigantescas — em ordem de visita e nível decrescente de preço, misturando supermercado e superconsumo: Bed, Bath & Beyond, Publix e Walmart — e fica completamente perdida com a variedade de tudo. Eu, pelo menos, fico. Mais sobre consumismo mais tarde, mas já vou adiantando, sociedade de consumo deve ser isso! Estonteante, mais ainda com aporrinhação de marido!

Não sei se como dizem é tudo barato por aqui, ainda não consegui concluir, pois nesses primeiros dias tenho a impressão de estar gastando toneladas de dinheiro, talvez pela disparidade (e instabilidade) do nosso câmbio. Mas sei que as alvas toalhas felpudas e os lençóis de 300 mil fios custam pelo menos 10 vezes mais no Brasil, onde eu jamais os compraria. E que pelo preço de um Gol 1000 — Gol zero, tudo bem — aqui se compra um Jaguar branco hidramático com interior todo de couro bege e madeira envernizada — 2005, ok, mas é um Jaguar, caramba! Não, ainda não compramos, mas Alan confessou que ao vê-lo teve uma ereção (oba), vale ou não vale o Jaguar? Para o nosso VW preto velhinho (2008) ele só tinha reclamação.

Outra coisa que não se iguala é a qualidade das frutas, já tinha um bocado de anos que eu não comia uvas verdes tão gostosas. E o antigo proprietário do nosso *morceau de paradis* já nos alertou para o fato de que *blueberries* dão muito bem no nosso terreno, ok, *blueberries it is*.

Já o que me deixa molhadinha, ui, são os saquinhos Ziploc com que embalam os frios a granel no supermercado, cada qual com sua tara, não é mesmo? Custo a colocá-los no lixo, afinal de contas, na compra da semana que vem tem tudo (de) novo.

Devo ainda ressaltar nessa primeira "crônica de Greenville" a gentileza geral das pessoas e, mais do que tudo, a pontualidade das entregas, todas confirmadas por celular e com a opção de cancelar. Tudo funciona! Inclusive a prometida internet rápida! Embora a falta de crédito na praça, digo, histórico de crédito, atrapalhe um pouco os contratos — tenho tido alguns depósitos para enfrentar, como no aluguel do apartamento, por exemplo: sem grana para bancar, nem pensar. Mas eu entendo, a América é para os americanos, não para o nosso intrometido bico estrangeiro.

Agora, falando sério, agora que está de volta à sua terra, Alan anda intolerante, terrível, ainda mais ansioso. Não vem tendo a menor paciência comigo, é um tal de "aqui na América pra lá, aqui na América pra cá", de me criticar o dia inteiro, dizendo que sou muito "devagar", embora, claro, todas as decisões devam ser tomadas por mim, a ignorante brasileira, porque ele continua a "procrastin8"[1] tudo (vi essa num anúncio de remédio, coisa que, aliás, também abunda por aqui, todos com efeitos colaterais inacreditáveis... enfatizados no mesmo comercial que propaga as vantagens, pode?). Ele não me deixa comprar as coisas que quero e nem usar a lava-louça do apartamento novo, vocês se lembram, aquela que ele me prometeu que a gente teria quando estivesse no primeiro mundo.

E, se no Brasil, onde dependia de mim para tudo, Alan já tendia a ser autoritário e abusivo, aqui ele me transformou de vez numa escrava branca. E eu me submeto, sabia que precisaria pagar o preço para usufruir pelo resto da vida de tanta variedade de mercadorias, tanto físicas quanto mentais. Afinal de contas, como vocês sabem, só o aturei durante dez anos para que na hora H pudesse me mandar, isso é que é plano em longo prazo, não é mesmo? Além do mais, é preciso certa "estratégia" para escapar a esse abuso de poder, se é que vocês me entendem, e estou penando para planejá-la sem falhar, mas hei de chegar lá, nem que seja ao volante de um Jaguar esporte espetacular.

---

1 Como os americanos são todos preguiçosos para escrever e gostam de abreviar tudo, substituíram metade da palavra por um número com o som parecido. Ah, em inglês, "*procrastinate*" é aquele hábito de adiar tudo, e todas as decisões — "procrastinar" entenderam?

Antes de terminar, não posso deixar de expressar a minha satisfação por ter feito a minha parte na reviravolta de Aécio, melhor enfocar só o que há de bom, porque se for para comentar todo o esquema perverso que parece prestes a desmoronar... melhor deixar pra lá. Vamos de otimismo e basta de petismo! Oba!

Chapados na América

"Vamos nos matar!", Alan me envia uma mensagem pelo Skype.

"Você primeiro!"

"Não. Vamos juntos, pular do alto de Paris Mountain."

Alan está na sala, teclando em seu computador no chão, em "decúbito ventral". Eu estou no banheiro, mas não estou (...) para vocês, nada disso. É apenas o único lugar que encontrei para me sentar com relativo conforto em nosso apartamento pelado, tendo à frente o computador apoiado numa mesa (nesse caso, a bancada da pia).

On the bright side, temos um apartamento! Mas isso acho que já contei, não é? Quanto aos móveis, compramos ontem alguma coisa genérica na Amazon (meu coração de designer sangra!), e no máximo daqui a uma semana *the books will be on the table, not in the tablet anymore* (risos). E estarei super antenada no trabalho, super atrasada, digo.

Nosso apartamento em Haywood Road é supertranquilo, superpequeno. Não há montanhas imponentes lá fora como no Vale do Sossego que abandonamos, apenas outros sobrados como o nosso (é um condomínio de casas de dois andares, com quatro "apartamentos" cada). Mas todo mundo por aqui é bem-educado, em geral bastante calado, e as árvores começam a se tingir daquele espetacular tom laranja que no Brasil a gente só conhece de filmes, ou de viagens ao exterior. Teremos neve em breve!

O laranja — minha cor favorita, aliás — está por todo lado, oba: é o "novo preto".

Quando descemos de Pelham Road pela "nossa" Haywood indo para casa, as montanhas azuis ao redor são ainda mais lindas que as da descida de Itaipava vindo do Rio na BR 040, quem sobe a serra nos fins de semana sabe do que estou falando.

Greenville é uma cidade linda, vamos combinar, de qualquer ângulo que a gente se dispuser a olhar. No alto da Pelham tem aquele horizonte amplo, azulado, 360° de montanhas onduladas abaixo de nós. Uma beleza. O *downtown*, onde já almoçamos umas quatro vezes, é muito charmoso, mesas na calçada, cozinha internacional. A comida é sempre boa, e os preços idem, chego a pensar que sai mais barato comer na rua. E é mais lúdico também, não precisa lavar a louça depois!

Mas Alan está mais neurótico do que nunca, vê Ebola e E. Colis por todos os lados: nas mãos dos cozinheiros, nas máquinas que cortam frios no supermercado, no espirro das garçonetes, viva-se com uma paúra dessas! Já avisei a ele que com 10 anos de Brasil ele está imunizado para o que lhe resta de vida, mas não adianta, ele não acredita, fazer o quê.

A pura verdade, meus amigos, é que há 15 dias no país (ou fora do país, dependendo do ponto de referência), ainda estou, estamos em choque. Melhorando, mas em choque. Alan confirma a minha impressão, não dizendo que é preciso muita coragem para fazer o que fizemos, mas muita "energia".

Estamos esgotados. Ele, por falar nisso, nem parece que está de volta a seu próprio país, acho que se tornou abrasileirado de uma vez. Ah, e tem o problema do crédito, claro, que se não me engano já mencionei — tá bem, neste ponto parei, e fui conferir na crônica passada, porque com toda essa canseira nem precisa de alzheimer para esquecer um tanto de coisas. Nessa mesma linha de pensamento, até pesadelos tenho tido,

onde perco meus documentos e sou arrastada por desconhe-
cidos com a ameaça de ser drogada, afogada, imaginem que na
noite passada acordei gritando, algo que só me aconteceu umas
duas vezes na vida, e fui salva, isto é, despertada por Alan do
meu pesadelo (mais uma vez).

Voltando ao crédito. Enquanto no Brasil a gente foge do
crédito como o diabo da cruz, aqui nos EUA todo mundo foge
de quem não tem crédito: dever é uma obrigação do cidadão,
digamos assim, sem trocadilho, por favor. E a nossa situação,
pão-pão, queijo-queijo, é a seguinte: eu, estrangeira, obviamente não tenho histórico nenhum como já disse; e Alan, por ter
ficado dez anos ausente, tampouco. Seria melhor termos crédito
ruim, passagem pela cadeia, sei lá. Talvez facilitasse as coisas, ao
menos não seríamos tão "invisíveis" para o sistema.

Imaginem que depois de transferirmos quase todo o
nosso patrimônio para um banco local, de bom prestígio na
Forbes segundo o Alan que o escolheu, descobrimos que não
nos dariam nada em troca, nadinha, estão se lixando para o
"saldo médio", conceito que desconhecem. Por outro lado,
descobrimos meio tarde demais que o Bank of America nos
daria tudo sem exigir quase nada, até cartão de crédito, *et
voilà*, em uma semana estaremos escapando aos fatídicos 6%
do PT, oba. (Tá bem, foi maldade minha, duvido muito de que
uma vez no poder o PSDB cancele esses 6% de IOF dos cartões de crédito brasileiros.) E daqui a um ano... teremos crédito!! Um ano passa rapidinho, não é? Pois é. Prometi a vocês
que minhas "crônicas de Greenville", isto é, de gringa, diriam
a verdade sobre emigrar, nada mais que a verdade, sem anestesia. E aí está.

Esses erros iniciais são comuns num país estranho, eu
sei, leva tempo até acertar a marca de manteiga com o "melhor
custo-benefício". Só rindo mesmo! Outro erro hilário que co-
meti (reparem que escrevi no singular, pois Alan "não se mete
com essas coisas mais banais", cai tudo em cima de mim) foi
com a *smart* TV, que eu já tinha comprado no Walmart por uns
poucos trocados quando pedi socorro ao meu irmão do outro

lado do Atlântico (ui, em breve já não fará sentido mencionar essas bobagens de Lula, graças a Deus).

Meu irmão sabe tudo, é muito bem-informado, e disse que a TV ser *smart* não ajudava em nada, o que eu precisava mesmo era do incrível, extraordinário Chromecast, aquele usbzinho baratinho do Google que transmite internet para a TV. Fiquei jururu, me sentido bem menos *smart* do que o aparelho, devo confessar, tudo por preguiça de ler o manual. Tenho certeza de que vocês me entendem! O negocinho, comprado na Amazon, chegou bem depressa, e depois de instalado... decepção! Os filmes não passavam, devido à incompatibilidade com o Silverlight, sistema do Windows usado pelos vídeos da Amazon.

E as lágrimas rolaram, rolaram (depois de velha e exilada dei pra chorar por tudo, até por optar pela direção errada ao entrar numa rua que desconheço, Alan fica desesperado), até que descobri um botãozinho em forma de "V" bem no centro do controle remoto da *smart* TV, que, maravilha das maravilhas, é tão inteligente que já vem com o app da Amazon instalado, imaginem! *Habemus* filmes, pois! Os mais recentes e mais legais que a gente quiser escolher, na telona da nossa TV sem nenhum intermediário a mais, a não ser um punhado de dólares, é claro. E lá se foi o Chromecast para a gaveta dos *gadgets* abandonados, onde com certeza não ficará sozinho!

Bem, já estou me alongando, devo estar entediando vocês, desculpem aí. Só preciso contar mais uma coisinha importante: acabo de receber um e-mail de boas-vindas da nossa verdadeira nova comunidade, para onde nos mudaremos se Deus quiser o mais rápido possível, isto é, assim que conseguirmos construir nossa nova casa, depois de encontrar um bom empreiteiro "estrangeiro", cuja garantia não seja o seu "bigode" como a de certo brasileiro: Stoneridge, em Paris Mountain. Fomos convocados para a nossa primeira reunião de condomínio, delícia, me imaginem indo com prazer a uma reunião de condomínio! É, as coisas mudam.

E sabem como somos chamados, nós, os afortunados proprietários daquele pedaço de paraíso? "*Stonies*". É isso mesmo. Para quem anda *stoned* [chapado] o tempo todo mesmo sem ter fumado, soa muito adequado! Paris Mountain, afinal de contas, é mesmo inebriante, e tchau procês!

E sendo esta a minha última crônica antes das fatídicas eleições, não se esqueçam: Aécio neles! E estamos conversados!

ONDE HÁ FUMAÇA, HÁ FOGO
(CRÔNICA DUPLA)

Era pra gente ter celebrado nosso primeiro Shabat em solo americano. Pela primeira vez tínhamos tudo *comme il faut*, parece pouco, eu sei, mas nos custou: cadeiras, mesa, vinho, taças, velas, uma chalá[2] deliciosa comprada no supermercado do bairro, salmão fresco, brócolis, pratos. Os outros três sábados passados, aliás, foram os únicos de nosso longo relacionamento em que o Shabat foi deixado de lado por absoluta falta de condição, Alan fez sempre questão.

Estávamos esgotados. Semaninha dura, como todas as outras desde que por aqui aportamos, coisas pra resolver, exigências (nem tão) legais, além da falta que nos faz nosso tranquilo paraíso que, por falar nisso, deixamos para trás pegando fogo, literalmente.

Nem sobrou energia pra contar pra vocês o que passamos por conta da simples necessidade de comprar um carro. E não foi por dinheiro, posso garantir, já que, como outros milhares de brasileiros, viramos estatística entre aqueles que, com patriotismo ou sem, pelos mais variados motivos e inseguranças várias transportaram para fora do país seu nem tão rico dinheirinho, valendo cada vez menos no incêndio dos mercados. Foi dureza.

---

2 Pão de ovos trançado, típico da culinária judaica e que se come no Shabat.

Mas tudo deu certo no final, quer dizer, ainda estamos sem carro, última necessidade antes das centenas que se seguirão com a obra da casa, mas aí já num outro momento, com a nossa base assentada. Temos em mãos a vasta documentação e já estamos de olho em um ou dois, tá bem, vou contar: por incrível que pareça, para comprar um carro na Carolina do Sul é preciso uma carteira de motorista de residente na Carolina do Sul, o que não é nada fácil com visto de turista, que é o que tenho por enquanto.

Alan não conseguiu ajudar. Sendo residente da Flórida e estando há dez anos fora do país, coitado, teve que deixar de lado suas convicções de "desobediência civil" e se enquadrar no Seguro Social, sem cuja carteira oficial, que de todo jeito demoraria mais 10 dias para ser entregue pelo correio, não poderia transferir seu domicílio automotivo e facilitar a nossa vida. Restou a *gringa* aqui para garantir a maçada, e lá fui eu num périplo inclemente pelas repartições legais, coisa que no Brasil não faria nem morta, devo confessar, logo contrataria um despachante, vamos combinar.

Comecei pelo mesmo Seguro Social a que Alan teria que se submeter, do qual precisava uma carta declarando não estar apta a me registrar... no mesmo Seguro Social. Foi moleza. Só precisamos acordar cedo e ficar umas três horas na fila dos remediados, digo, segurados, da qual destoei com meus saltos altos, roupas de seda e brilhante no dedo, requisitos obrigatórios segundo o Alan para (eu) obter credibilidade nos Estados Unidos. Então tá.

Já de posse da carta, voltamos pela segunda vez ao Detran local, cuja burocracia e baixa estima do funcionalismo público deixaria qualquer repartição brasileira no chinelo, para não mencionar as filas. Não adiantou nada. Faltava agora um formulário baixado da internet repetindo as mesmas informações que constavam no carimbo do passaporte, *et voilà*, voltamos para casa e imprimimos o tal documento sem nenhuma dificuldade, a não ser o meu cansaço e impaciência crescentes.

Ficou tarde, e só no dia seguinte (nem precisa explicar

por que ainda não consegui voltar a trabalhar desde que cheguei aos Estados Unidos, não é?) pudemos voltar ao posto, dessa vez para nos depararmos com a exigência absurda de um recibo de imposto territorial na Carolina do Sul, pois é, quem não é residente tem que ser dono de uma propriedade na Carolina do Sul para ter a carteira de motorista local e poder comprar um carro no Estado, entenderam? Nem eu. Mas é assim.

Alan já estava desconfiado de que aquelas funcionárias estavam se divertindo às nossas custas, e enquanto nos dirigíamos para o departamento de taxas no outro extremo da cidade (sempre com um carro alugado que, por causa do Priceline, temos que trocar no aeroporto de três em três dias mais ou menos, nunca frequentei tanto aeroporto na minha vida), decidimos que voltaríamos pela quarta vez, sim, mas não para o mesmo posto do DMV (Department of Motor Vehicles, segundo o Alan tão conhecido por sua burocracia que é tema constante de piadas, exatamente como o nosso Detran, uma dor de cabeça mundial).

Aqui tenho que interromper o meu relato para ressaltar duas coisas: a primeira, a diferença radical com que Alan e eu encaramos essa experiência, ele com a confiança inata nos meandros legais de seu país e eu com a minha desconfiança inata reafirmada nos meandros burocráticos do meu país, se é que vocês me entendem, e posso afirmar que com desconfiança tudo dói bem mais; a outra é que, apesar de tanta exigência, estar na Carolina do Sul — em Greenville, especialmente — é bom demais da conta, francamente. Alan folheia aquele livro que comprei pra ele na Amazon — *The Blue Wall*, sobre as montanhas e águas de Greenville, vocês se lembram — e vejo seu queixo cair enquanto olha as imagens e deixa escapar seu espanto, digo, maravilhamento: "*Look! It's God's land!*"

Amém. E ainda tem uma terceira coisa: por mais que você se perca em Greenville, sempre acaba chegando a seu destino por conta de uma mágica inteligência no design urbano que ainda não entendi, não pude parar para estudar o mapa e perceber o que se passa, deve ser algum padrão circular das ruas por onde a gente passa, sei lá. Enfim, ninguém se perde por muito tempo na linda Greenville.

Voltando ao recibo do IPTU local, é claro que não conseguimos o documento solicitado, por um descompasso desses que só Kafka explica: tínhamos comprado o terreno há dez dias, os impostos do ano passado estavam pagos em nome do antigo proprietário e os deste ano só serão enviados em novembro, nem foram calculados ainda, segundo a funcionária. Conversa vai, conversa vem — na América também se (passa a) conversa —, conseguimos um recibo no nome do proprietário antigo e uma declaração de que a nova proprietária era eu, assinada e carimbada pela chefe da repartição. Como a burocrata do primeiro posto do DMV já tinha nos avisado que, se fosse este o caso, "infelizmente teríamos que esperar até novembro", fomos direto para o segundo posto nos fingindo de desentendidos.

Lá chegando, tudo aceito (para nosso espanto, sem nenhuma menção ao tal recibo de impostos), faltava fazer o teste de conhecimento de trânsito, que como eu tinha estudado em casa tirei de letra, e o temível teste de direção, deixa eu explicar mais uma vez: para os países que não têm acordo com a Carolina do Sul, entre eles o Brasil, é preciso fazer teste de direção... e lá fui eu, 44 anos de motorista, enfrentar a exigente examinadora.

Sei que esta história já está ficando longa, mas, gente, não paro de me surpreender com o fato de que meus profundamente arraigados instintos de motorista, já tendo dirigido quase no mundo inteiro, inclusive no lado direto no Reino Unido, nada valem aqui nos Estados Unidos, onde todos cumprem (outras) regras no trânsito, entre elas o hábito espantoso de parar no sinal sempre deixando o espaço de um veículo entre um carro e outro. Para encurtar a história, tudo ia muito bem quando a examinadora veio com uma história estranha, me pedindo para sair da estrada e parar num acostamento de grama cuja inclinação me fez temer causar danos ao carro alugado. Daí para frente, me confundi completamente. Os pneus, explicou ela, deveriam estar virados para a estrada; em seguida eu deveria "assumir o controle do veículo" (era aí que estava o *catch* 22 da coisa) e sair de ré para a estrada até que ela me mandasse parar. Quando vi, estava no meio da estrada na pista da contramão! Levei pau na hora! Que humilhação!

Nossa sorte foi que solicitei e consegui uma "permissão para dirigir" que exige "um adulto" sempre do meu lado, imaginem. Isso me permitiria comprar um carro imediatamente, embora para me tornar "adulta" eu mesma deva voltar e fazer outro teste de direção, e mais outro, até ser aprovada pelas duras regras do trânsito dos Estados Unidos, sabe-se lá quando me disporei a fazer isso. Ah, na hora agá da emissão da carteira temporária — com cara de cartão de crédito, com foto e tudo — emitida por uma máquina no próprio local, embora não pudesse me ser entregue em mãos, devendo ser enviada pelo correio... bingo! Pediram o tal recibo de taxas da propriedade, que para sorte nossa foi aceito daquele jeito mesmo, num gesto de "boa-vontade" da examinadora. Ufa.

Pois é, esta crônica era para ser sobre o nosso primeiro Shabat em solo americano, não é? Mas havia o debate entre Dilma e Aécio, e eu tinha descoberto que poderia assisti-lo na nossa esperta televisão, propagando direto do site do G1 através do descartado Chromecast. Enquanto preparava o jantar, o debate estava para começar. Coloquei o salmão na frigideira, e para não ter que enfrentar a barulheira do que eu julgava ser uma coifa como outra qualquer, desliguei, ah, gente, pra quê. Assim que subiram os fumos do salmão começou a tocar não sei onde uma sirene ensurdecedora. No teto do apartamento uma luz vermelha girava agitada, como uma vulva inchada, e entrei em pânico antes mesmo que D. Dilma começasse a proferir seus revoltantes absurdos.

Seria um sinal? De que essa eleição finalmente poria fogo (mais fogo) ao Brasil?

Enquanto D. Dilma propagava seu "governo de união", aquele que implantou no país uma tal desunião que quase nos levou à guerra civil, Alan veio em meu socorro e ligou a coifa que não era coifa coisa nenhuma, mas uma chaminé para absorver a fumaça do fogão. Levou uns dez minutos para o alarme do detentor de fumaça parar de girar e apitar como um carro de emergência do Corpo de Bombeiros, outro tanto para eu me acalmar e mais outro tanto para eu servir o jantar, entre taças de vinho e palavrões em português a cada mentira jogada na nossa cara cansada pela candidata da corrupção. Que cara de pau! Nossa mãe!

Bem, quando esta crônica for ao ar já será tarde para tentar influir nos destinos da nossa grande nação. A sorte já estará lançada e o dia da votação avançado por conta da diferença de horário. Faço votos de que a razão prevaleça em nosso meio, e que a gente se livre dos hábitos mafiosos dessa gangue que nos invadiu, pois como diz a sabedoria ancestral, onde há fumaça, há fogo, com raríssimas exceções.

E uma boa semana procês! Vida nova se Deus quiser!

2014: O ANO QUE PRA MIM JÁ TERMINOU

Calma, gente. Não estou dizendo que vou fugir nem sumir nem deixar de lado os meus compromissos prementes, vocês sabem de sobra que posso me atrasar, mas nunca fujo às minhas autoimpostas obrigações. Por outro lado, vamos combinar, foi um ano ( ) como poucos, dá para preencher no vazio à esquerda: intenso/ radical/ contraditório/ enervante/ emocionante/ decepcionante/ cheio de expectativas/ acachapante. Pelo menos para mim, deflagrou também uma revolução pessoal tal como nunca antes me dispus a enfrentar, em outras palavras, de certa forma fugi, mas continuo sempre por aqui. Como, aliás, mais da metade do povo brasileiro, claro, que não sendo tão elitizado politicamente não pôde como eu deixar o Brasil mcio de lado, num passo pessoal, larga e longamente planejado, para além de cotidianas desventuras eleitorais.

E cá estou, a bordo do meu antigo Mercedes dourado. Dou por findo este ano desgraçado porque não tenho mais energia para mantê-lo firme em seu calendário. Dar-me-ei um descanso das tensões diárias, das lutas sem trégua e das defesas constantemente ameaçadas. Vou me reduzir ao trabalho acordado, deixando dormir a lutadora incansável. Pois bem, esta cansou-se de uma vez.

Se, por um lado, perdi amigos, por outro uma vasta comunidade tem me sustentado, vamos por este preferencialmente. Tem sido muito bom esse sentimento de fazer parte, mesmo que seja visto de algumas partes como a parte do perdedor, afinal de contas, não se pode ter tudo ao mesmo tempo, não é mesmo?

Como então estou encerrando, vamos a um rápido balanço como é de praxe. Também por aqui encerramos a primeira fase, o estabelecimento de uma base. O que se segue será um longo processo de construção, tanto de uma nova casa como de uma nova Noga, erigida inevitavelmente sobre as bases da Noga antiga, um amálgama bem concretado misturando dores, lembranças, sonhos, alguma covardia e outro tanto de ousadia, duas faces opostas da mesma melodia.

Só sendo poética para transformar em testemunho um conflito ainda tão fresco que nem a memória adentrou, os que são da ironia que me perdoem. Para mim, foi bem mais que o conflito partidário que a todos envolveu, machucou e dividiu. Não foi surpresa a força da situação, apenas fonte de uma tristeza que inunda, uma incompreensão profunda. Isso, porque fatos comprovados independem de opinião, e para tudo, como se sabe, há um traçado limite. Mas parece que não no Brasil, onde vilezas confessadas sob juramento à polícia têm sido tomadas como obstáculos passageiros, transponíveis, eleitoreiros.

Quisera poder livrar-me desta incômoda sensação de que algo me foi tirado, e tirado continua sendo. No meu caso, embora tenha realmente (me) mudado, foi extraído de dentro de mim — temporariamente, espero — o direito de trazer comigo a nostalgia de uma pátria amada, o idílio de uma infância dourada, um passado pacientemente edulcorado, aquele tipo de memória manipulada que a gente sabe ter sido esculpida cuidadosamente pelo possível caminhar da vida, tudo para que pudéssemos apenas sobreviver.

Em seu lugar, trouxe comigo embalada a memória dos fracassos, das decepções, dos muros que não transpus porque não me foi possível ignorá-los com pensamento positivo. Já os sucessos, credito-os mais a mim mesma e à minha resiliência, à minha relutância em aceitar, à minha tendência a encontrar soluções fora do repertório em qualquer momento à minha disposição, devendo muitas vezes contar até mesmo com ferramentas de outros lares, como este em que estou vivendo agora e que antes de me acolher como cidadã me acolheu como profissional inconformada em busca de caminhos viáveis, soluções possíveis e adaptáveis como as que hoje ofereço ao meu portfólio de amigos e escritores. Ainda pretendo melhorar.

Tive sorte, é claro. Se é que se pode chamar de sorte uma jornada persistente em direção ao que se quer. Tive o apoio sofrido e jamais dividido do homem com quem compartilho muito mais que um leito, e que sofreu por mim durante longos dez anos sem que eu mal percebesse, mesmo acreditando que percebia. Só entendo agora, quando o trouxemos de volta ao lugar que lhe deu origem — eu e as partes egocêntricas de mim que se fizeram de cegas, surdas e teimosas para conseguir resultar em alguma coisa sem certeza nenhuma de como fazê-lo.

Alan está mudado. Melhor dizendo, recolocado. Acho que havia se esquecido de como devia ser bom sentir-se relaxado, a par das regras e do jogo como sabe ver jogado. Os dados se inverteram e eu é que estou num posto frágil, delicado. Mas vê-lo assim, solto, renascido, recondicionado, não tem preço para mim. É um valor agregado.

Outras memórias deste ano conflitado deixarei de lado, pois estão devidamente catalogadas, cada qual a seu tempo exato, em outras crônicas já publicadas. Não é necessário relembrar.

Não sei se como os meus amigos dos quais tanto me orgulho, cheios da energia do Brasil, animados em sua parceria e luta, das quais compartilho sem nenhuma hesitação, terei o impulso para seguir batalhando. Veremos. Afinal de contas, terei minhas próprias batalhas para travar num campo diferente que ainda mal e parcamente vislumbro, meus próprios desafios para superar — diferentes dos desafios que vocês terão de enfrentar, e não há mérito nisso. Cá ou lá, é apenas a realidade que se apresenta.

Não deixarei de me dividir, de me expor, de me entregar

à pratica rotineira do melhor que puder oferecer, e cada passo que eu trilhar será trilhado junto àqueles que precisam de mim para escrever, ou, pelo menos, para isso desejam a minha assessoria. Para estes, continuo tão disponível quanto antes, mais até, com a sensação otimista de que desbravarei recursos nunca antes imaginados, simplesmente porque nunca foram buscados por mero desconhecimento de sua existência. E sempre para a frente caminharemos.

Por falta de quem o faça, desejo a mim mesma um bom descanso, não do trabalho, que este é meu maior prazer por enquanto, mas das limitações, do desespero das frustrações, das tensões advindas de cotidianas sensações de querer, mas não ter.

Agora sim, farei o que posso, já que antes fazia sem poder. Darei a vocês mais que o coração; darei o gosto da jornada cumprida, percorrida por atalhos nunca dantes desbravados. Vai ser muito bom, porque a gente fez por merecer. E a todos vocês levarei comigo, podem esperar.

Avis Rara

Tenho orgulho de ser heterossexual.

Pronto. Falei.

O desabafo estava preso na minha garganta, devo confessar, desde que Tim Cook, o super CEO da Apple *post*-Steven Jobs, houve por bem declarar em público sua opção sexual. Fiquei ansiosa por declarar a minha também, embora desconfie que, pelo teor sexoconfessional dos primeiros livros que publiquei, isso não deve ser novidade pra mais ninguém.

Minto. Ou, no mínimo, suavizo. Tal desabafo estava preso na minha garganta faz muito mais tempo... desde que o ativismo gay começou, nos anos 1980, não sei bem se a década está correta, mas na minha vida foi quando aconteceu.

Naquele tempo as coisas eram meio confusas, não sei se vocês se lembram, principalmente no meio artístico que eu frequentava. E a verdade é que na época, recém-saída do meu primeiro divórcio, eu não tinha ainda um HPCM, "homem pra chamar de meu", sigla roubada do recente romance de Madalena Costa, *Passional*, o nome diz tudo.

E já que estamos pra falar bem à vontade, meu primeiro embate com um homem de verdade ainda iria demorar. Meus ex-maridos que me perdoem, mas eram do gênero "homens--meninos", sabem como é. Hoje em dia isso é muito comum, não tem nada a ver com a idade. Então, meu primeiro encontro com um pacote de testosterona legítimo foi com o Alan mesmo, pasmem, no próximo 15 de novembro faz 10 anos que nos encontramos e ainda estou batalhando para me acostumar a ele. É um pacote muito ruidoso, mesmo em silêncio total, se é que vocês me entendem, quem teve em casa um homem de fato com toda a certeza irá me entender.

Eu já disse que acredito em coincidências, e que *las hay, las hay*, mas também não precisava ter passado este mês das minhas bodas (dizem que) de zinco editando dois livros, um meio acadêmico e o outro recreacional (parece uma droga, e é mesmo, esse amor heterossexual), que lidam sem pudor, não só com o erotismo amoroso feminino — e o contexto amoroso é fundamental, embora hoje em dia bastante desprezado no ambiente sensual —, mas com as diferenças entre os sexos, esse eterno desencontro que dá samba, valsa, tudo. Vida. Faísca.

Gozos da mulher, do qual espero falar mais extensamente em outra ocasião, é um livro espantoso. Lêda Guimarães, como esta que vos escreve, faz da própria vida laboratório da sua escrita, o que resulta numa força inaudita. E com o suporte teórico de Lacan, desmonta peça por peça esse puzzle enrolado em que se transformou nosso lado animal, que exerce em parte a função sexual, já que a sexualidade humana, vamos combinar, é muito mais que um cio, requer lirismo, entrega, desafio, e numa instância mais elevada o máximo deleite da literatura erótica.

Lêda descreve fielmente a perplexidade, a teia complexa de ataques da sociedade contra esse instituto da "mulher que goza", que vem ultimamente oscilando entre dois polos: ganhar poder por autoconsciência de sua força, ou perder a chance de usufruir plenamente de sua intrínseca "usina de prazer", todas estas palavras minhas, mixando às avançadas ideias de Lêda as minhas próprias ousadias. *Gozos*, cujos relatos se baseiam em pacientes reais, demonstra com clareza como o homem moderno também hesita, muitas vezes optando por se furtar àquilo que seria um inebriante amplexo por mera comodidade, estranheza ao que dele diverge por natureza, embora, caso arriscasse, pudesse se completar. Tem preferido viver sozinho, sem tantas demandas e crises, eis um "case" apresentado no livro: "(...) se deu conta de que sentia um desejo enlouquecido pelas mulheres, enquanto o que sentia pelos homens, comparativamente, era apenas uma coisinha".

Lêda, evidentemente, vai muito mais fundo, desvenda a inclemente máquina em curso que leva a mulher moderna a optar por relacionamentos pouco profundos, e a considerar-se "mundana" apenas por querer ir fundo na própria xana. Uma tristeza.

E antes que eu retome o meu ritmo habitual, como vocês sabem sempre tendendo para o circunstancial, vai um delicioso comentário de Lêda Guimarães sobre uma das (pro)posições de Jacques Lacan, um grande teórico do prazer feminino: "Dar ao homem o epíteto de 'pássaro raro' [no original em francês, *drôle d'oiseau*] é para mim algo muito engenhoso, muito especial, pois convoca as mulheres a uma gentil curiosidade, no sentido de buscar entender o que se passa com eles". E isso, minhas amigas, é tarefa para as mais fortes, um desafio e tanto, e também para eles. E como todo desafio, nos faz crescer.

O que me leva a explorar um outro ponto: o verdadeiro gozo com G maiúsculo é um brinquedo de adultos, de seres completos, daqueles que desejam o outro sem dele nunca depender, bandeira também levantada por Madalena Costa em seu romance erótico.

Bem. Chegamos agora ao impasse desta crônica, porque pra arrumar coragem de se meter numa briga de cachorro grande como esta da valorização pública da heterossexualidade, é preciso muito peito, e só temos desenvolvido duas maneiras, as quais de preferência devemos evitar: a vertente do falso erotismo (da qual a *passional* Madalena, felizmente, mantém boa distância), comum em romances "baratos", comercialmente bem-sucedidos; e a tendência a escapar pela sempre bem-vinda tangente do humor, como fez Elio Gaspari recentemente ao comentar o adequado "casamento" carcerário entre uma parricida e uma sequestradora — uma dupla do crime estarrecedora —, já que até na prisão se pratica esse tipo de preconceito ao avesso contra aquilo que se desconsidera apenas por ser o "normal": "Eremildo [o idiota heterossexual] soube que os presos heterossexuais só têm direito a visitas semanais, por algumas horas [enquanto os homossexuais têm direito a viver juntos numa 'cela matrimonial']. Mesmo sendo um idiota, ficou com a impressão de que optou pela orientação sexual errada".

Vocês me desculpem, mas nossa recente experiência eleitoral radical foi um bom laboratório moral para a gente aprender que se não decidir se defender, tudo aquilo que a gente mais preza, em termos de valores, discernimento, e até do mais íntimo entretenimento, será varrido desta terra pela força da ditadura, ops, do marketing das "minorias", e não podemos permitir que isso aconteça. Nesse contexto, um dos instrumentos com o qual mais se abusa do povo é a mordaça sufocante do politicamente correto. Sinceramente, a vida era bem mais divertida antigamente.

Quanto ao "orgulho" da minha opção sexual, vou explicar melhor: me orgulho de ser capaz de harmonizar e compartilhar minha vida com um outro que diverge de mim em tudo, do odor corporal ao sabor de seu órgão sexual, isso, sem mencionar o funcionamento do cérebro, os caminhos da emoção e a maneira de expressar tesão. E se você achar que essa minha declaração de opção saiu meio sem jeito, não se espante: é a falta de hábito de se expressar sem medo.

A *Shitproof Country*

Como vocês sabem, as coisas às vezes são mais difíceis do que parecem, e não é só no Brasil. Porque, como todo mundo sabe, aonde a gente vai a gente se leva consigo, e cá estou, com novas demandas, novos problemas, novos desafios.

O Brasil está em chamas, e, francamente, nada temos a ver com isso — plural majestático, claro, pois brasileira aqui só euzinha mesma, o que às vezes, confesso, dá uma certa nostalgia. Se, por um lado, lamentamos que isso esteja acontecendo, por outro temos aquele diabinho fazendo coceira no ouvido esquerdo e nos dizendo: "Bem-feito! Votou, agora aguenta!" E esta semana, depois do "rol de honra" do "circo Petrobras", está impagável, dizendo também: "Aqui se rouba, aqui se paga!"

Fico satisfeita ao ver a energia cintilante dos protestos, a disposição para a luta, tantas coisas que andavam acomodadas e adormecidas, é, pois é, reclamar dá uma força danada, e muito assunto para qualquer cronista. Mas eu, sinceramente, não me comovo com o movimento pessoalmente, embora deseje que sigam em frente, pois trata-se no meu caso de puro cansaço de tanta insegurança nacional. E também, confesso, pura conveniência pessoal.

Queremos ver um Brasil pujante, premente. Mas o que vemos no cotidiano da mídia é um Brasil se estabacando, indo pro brejo para dizer o mínimo, quer dizer, o mínimo que contam pra gente. Não tem importância. O que conta é o que a gente sente.

Por falar nisso, o que estariam sentindo os milhões de petistas, dilmistas, apoiadores de Dilma, Dilminha, Dilmão e o caralho a quatro (desculpem o palavrão), entre eles (podem acreditar) membros e ex-membros de minha própria família? Vergonha? Desolação? Queria, além do tal diabinho, ser uma mosquinha na alma dessas pessoas — eu poderia acrescentar, "se é que alma elas têm", mas seria maldade de minha parte —, desses algozes (in)voluntários do nosso eterno son(h)o de Brasil. Danem-se.

Volto para o meu próprio umbigo. O que estou fazendo da minha vida aqui?

Confesso, amigos, estou muito bem, tranquila por ter me autoexilado tão a tempo e com tanta competência. Claro, tive um pouquinho de sorte também, mas não seria a sorte um dos principais componentes de um "destino" bom? Algo intrinsecamente entranhado a uma entidade bastante duvidosa, que teria, do "alto de sua sabedoria", uma visão mais geral, um panorama amplo e menos restrito daquilo que a vida tramaria para nós? Ah, por certo Richard Dawkins riria um bocado das minhas mal-ajambradas e esfarrapadas ilusões, o vi na TV outro dia, intrigante como sempre: "Mas", inquiria o entrevistador — o não menos instigador Brian Greene, físico detentor do Pulitzer, coisas de elite e de primeiro mundo, vocês me entendem, mas voltando à entrevista — "nem numa hora de extrema necessidade você recorreria a Deus?"

"Rsrsrs, hã hã", Dawkins se divertia. "É claro que eu talvez dissesse 'Meu Deus!' em algum momento, mas seria apenas vício de linguagem".

E é assim que também me sinto, me liberando finalmente da responsabilidade de escrever como uma agnóstica em todos os momentos, mas isso está desviando novamente o rumo da minha prosa, voltando, pois.

Algumas coisas têm me perturbado também. Uma delas

é que não consigo me livrar do peso que o "pacote Alan", voluntariamente ou não, colocou sobre os meus ombros por longos dez anos de Brasil, como passaram rápido, nossa mãe.

Um dos aspectos da minha vida que mudou radicalmente é que Alan agora é uma "entidade independente", dirige seu Mercedes por aí bem vestido em seu novo sobretudo de pelo de camelo, dirigindo-se livremente a todas as pessoas, e, concomitantemente, pretendendo mais do que nunca dirigir-me. A mim. Mas eu não me vejo dirigida, embora assim lhe tenha prometido, e o que são promessas? Palavras ao vento para serem descumpridas, depois que o principal objetivo já foi atingido, e nesse caso o que mais me importava era tirar das minhas costas o peso da responsabilidade pelo velho homem estrangeiro, que ele, aliás, nega, diz que nunca existiu, então tá. Bom pra ele. Já esqueceu.

Fato é que Alan começa a ter vida própria, um fato que terá seu peso próprio em nosso relacionamento (algo a que boa parte dos brasileiros tem se negado, mamando eternamente nas tetas do supergordo Estado, eu entendo, somos todos viciados). No momento, ainda fico doente de preocupação quando ele sai, vocês sabem, o corpo chega lá muito antes da mente, embora a mente deva obviamente planejar para que o corpo um dia chegue lá. Deu pra entender ou estou ficando demente?

Vocês nem de longe devem imaginar que planejei isso tudo, mantive um amor importado em cárcere privado — cárcere de luxo, é bem verdade — por longos mas rápidos dez anos com o único intuito de me locupletar, isto é, de locupletar meu ego pulsante, e não estou acostumada a um marido que passa o dia fora tomando decisões que quero controlar, fazer o quê, é o preço que tenho que pagar.

Pois o preço da liberdade deve ser, na verdade, o poder de abrir mão da própria vigilância, algo que nem de longe poderá dar certo tão cedo no Brasil, mas que eu, no meu autoexílio por força conjugal, espero em breve conseguir. E mesmo doendo, faço questão de me forçar, quase o empurro para fora de casa, contrariando a minha horrorosa e impositiva "síndrome de mãe judia". Afinal de contas, trata-se de um marido, não de um filho, embora, claro, de vez em quando ainda se perca indo para a obra sozinho, vingança da oposição, hahaha.

E por falar nisso, parece mentira, mas amanhã, sábado passado (entendam: escrevo a crônica na sexta-feira e portanto sábado é amanhã, mas publico no próximo domingo quando já terá passado, sabe-se lá que desafios terei enfrentado, pois iremos amanhã cedinho à nossa primeira reunião de "condomínio" já com uma demanda na mão, visto que reclamaram oficialmente, por carta registrada, do início das nossas obras sem tê-los alertado de antemão), é a décima vez que comemoramos o que me acostumei a chamar de "minha república": o encontro com Alan na internet, que representou um desvio radical, um marco indelével naquilo que antes dele eu costumava chamar de "vida".

Dez anos de relacionamento intenso, e sobrevivi! Uma glória!

Nunca pensei que fosse conseguir, juro por Deus, olha "Deus" na linguagem aí.

O que me leva de volta (esta crônica tem mais desvios de rota que a recente história do Brasil, embora nenhuma delas leve ao paraíso fiscal que o Brasil será forçado a deglutir) à obra da nossa casa, só para comentar que uma obra nos Estados Unidos, pasmem, começa pela fossa: antes que seja concedida uma licença de obra, é concedida uma licença de fossa (é doce o lar, mas a merda vem primeiro), isto é, os fiscais da cidade comparecem, testam o solo para ver se é adequado para absorver nossos dejetos diários — tentando ser delicada, uma lady, para não ofender os ouvidos de vocês. Como arquiteta, isso me espantou tremendamente: eu nunca nem soube direito que tipo de fossa foi colocada em nossa casa no Vale do Sossego e nem determinei onde; foi tudo decisão direta do empreiteiro sem nenhum conselho das autoridades sanitárias, que nunca por lá compareceram para conferir.

Voltando da obra em Paris Mountain, me confesso surpresa e chocada com a extensão da escavação e dos materiais utilizados, mais parece uma daquelas ruínas dos banhos romanos. Enfim, só depois de ter essa merda resolvida poderemos seguir em frente. Fico pensando cá comigo: é ou não é um bom conselho para o Brasil? Em tempo, o comentário do Alan comparando o sistema sanitário americano ao brasileiro é impublicável.

Por falar nisso, "*a shitproof country*" quer dizer, literalmente, "um país à prova de merda". E só por ter me trazido para cá e para esse paraíso onde vamos morar, numa hora de profunda crise, Alan já mereceria ser coberto de beijos para o resto da vida, nem precisava considerar o resto dos nossos 10 anos juntos.

Merda no aspirador

— **M**as que idiota! Que criminoso! Que cretino! — vocifera Alan em frente à televisão, enquanto a meio metro de distância (como é pequeno este apartamento!) tento me concentrar, no silêncio da minha mente, no ebook que estou terminando de converter, com todos aqueles comandos enrolados, que, como vocês sabem, demandam redobrada atenção.

Da televisão vem a voz do presidente Obama, isso mesmo, o mais alto dignitário do primeiro mundo, fazendo um discurso panfletário em favor dos imigrantes ilegais. Como sou ex--Obamista de carteirinha, tenho que tomar cuidado com as minhas posições extremistas (entenderam, petistas?): não se pode virar a casaca dessa maneira sem uma boa justificativa, não é mesmo?

Quanto mais penso, menos entendo. Alan (e outros jornalistas conservadores igualmente vociferantes na televisão) afirma que é um ato ilegal, e Obama se justifica dizendo que os tais imigrantes ilegais, além de viverem no país há mais de cinco anos (uma eternidade para eles), não terão, isto é, continuarão não tendo apoio do governo no que diz respeito à saúde, seguro social, ticket-alimentação e coisas do tipo, ou vocês pensavam que bolsa isso e aquilo era só no Brasil? A única mudança verdadeira é a garantia de que não serão deportados, agora, cá pra nós, vocês já imaginaram um ato de deportação envolvendo mais de 4 milhões de pessoas? Pois é.

E tudo continuará como dantes no quartel de Abrantes, com a diferença de que os latinos talvez continuem votando no Partido Democrata, por pura gratidão de não terem recebido coisa nenhuma, sabem como é. E Obama passará à história como o presidente que, entre outras coisas, não mudou nem um pouco o "pior pesadelo deste país", este aqui onde estou vivendo agora.

É o que temo que aconteça no Brasil, em outra escala de gravidade, é bem verdade.

O Brasil, mais do que nunca, se encontra mergulhado num pântano de ficção, onde, desesperados, os da situação tentam transformar a inócua, dispensável — e, no entanto, com toda a certeza iníqua — presidente Dilma na maior "estadista da história", por "estar permitindo a ação da Polícia Federal" no buraco negro cada vez maior imposto pela corrupção. Vamos combinar, a presidente só está lá "coordenando a ação" por uma coincidência nefasta, uma conjuntura histérica — ops, histórica — em que se tornou impossível seguir roubando, e mesmo assim posso garantir que está muito contrariada por ter que permitir que se continue tentando fazer justiça, dar um jeito mínimo que seja nesse furdunço chamado Brasil.

A revolta é tanta que pouco a pouco vai cedendo lugar à indiferença, porque há um limite para o que a mente humana consegue digerir e suportar. Sim, sabemos que no Brasil sempre se roubou, mas daí a ter gente que posa de intelectual dizendo que já se roubou muito mais ainda... pô. Peraí. Ninguém me contou, conheço uns dois ou três empresários que decidiram, no frigir dos ovos, votar contra a cesta em que estavam todos os seus, porque a obrigatória propina extrapolou qualquer dimensão, e passou a minar a estrutura da administração.

Outra coisa que ninguém parece considerar "a nível estatal" é que o Brasil — como, aliás, todos os demais países do mundo — se encontra, graças à globalização e à informatização dos negócios (informática = ampliação da informação, já perceberam isso?), inserido num contexto muito maior. A executiva da Petrobras, por exemplo, não apenas cometeu crime de corrupção local, mas também no foro internacional, pois levou seu pacote de bondades para ser negociado na Bolsa de Nova York, fosse por cobiça, improbidade administrativa ou falta de inteligência mesmo, ou eles pensaram que se safariam *ad aeternum*?

No Brasil de hoje, a competência parece tão rara, e tão pouco valorizada, que aparentemente apenas um grupinho manipulado de vinte e poucas empresas têm a capacidade de manter o país rolando, as tais corruptas, corruptoras, corrompidas (é só impressão minha ou a metáfora "bola de neve" caberia aqui como uma luva?), justamente as que levam o Brasil "para frente". Sem elas, alegam, não haveria mais país, há que protegê-las, mas pô, peraí de novo. Estaríamos voltando para trás, para a era dourada do "rouba mas faz"?

Como prova a sabedoria do povo, "ninguém é insubstituível". Felizmente.

Cá entre nós, sempre foi um desafio entender o Brasil, e isso tampouco está melhorando. Mas não me venham justificar a atual onda de exposição (ou de busca e apreensão, sei lá) colocando a pecha de "justiceiros" no Partido dos "Trabalhadores", ou, mais exatamente, no titeriteiro da hora por trás dessa embolada geral. Não fosse por outro motivo, bastaria a impressão generalizada de que a corja empossada está mentindo, jogando mais "farofa" no ventilador para nos cegar quanto à verdadeira origem do grande poder corruptor, é a tal estratégia do "farol no fim do túnel" botando a galera pra correr do trem, estão me entendendo?

O problema é que estamos todos tontos, é isso, o Brasil todo está uma *tonteria* só.

Isso me lembra um episódio que tive que enfrentar, umas dessas infelicidades rotineiras a que a provecta idade (nossa ou dos outros) nos submete. Vou lhes poupar os detalhes sórdidos, mas depois de terminada a urgência, no meio da madrugada, lá estava eu condenada a um banheiro coberto de merda por todos os lados, chão, banheira, paredes, toalhas, lençol e esfregões maculados, cocô na pia tirado das roupas manchadas, e eu ia fazer o quê? Não tinha sido preparada para uma coisa dessas, além de sempre ter me orgulhado de "ser capaz de fazer tudo, menos passar roupa e lavar banheiro".

Mas a necessidade, como vocês sabem, é a mãe da criatividade, e naquele momento eu não tinha outra opção. Uma vez que a vítima principal estava lavada, trocada e descansando na cama, comecei a labuta, e fui limpando, desinfetando, pano após pano espirrando, enxaguando, sem um pingo de energia sobrando para uma lágrima que fosse, e garanto a vocês que não estou exagerando. Lá estava eu, a designer, a escritora, aquela que um dia vangloriou-se de ter sido chamada "a vanguarda do Brasil", lavando a merda alheia só de calcinha, camiseta e havaianas pretas e nem uma palavra de reclamação.

Terminada a faxina, tomei uma ducha quente, lavei os cabelos, depois de limpa me perfumei como pude com todos os cremes à minha disposição, tomei meio Frontal com um copo de água com gás gelada e fui dormir. No dia seguinte, o sol ia alto quando acordei. O banheiro estava limpo, sem sinal de cheiro, lençol e toalhas já secos depois de uma noite dependurados no trilho do chuveiro. Dobrei, guardei, e fiz o melhor que pude para esquecer o ocorrido e seguir (de bem) com a vida.

O Brasil está senil, ou bêbado, para dizer o mínimo. Mas "enquanto há vida, há esperança", amor, alguma boa vontade e um vidro enorme de Lysoform à disposição, não importa quem esteja ocupando no momento o posto de desinfecção. E para a tranquilidade de todos e o conforto geral da nação, resta uma última providência crucial: para evitar problemas futuros, é vital demitir a péssima enfermeira que exagerou no laxante, se é que vocês me entendem, desculpem aí a grosseria da narrativa, mas isso também faz parte da vida.

É tudo verdade, podem acreditar.

MOTHER NOGA

— Se por acaso eu desaparecesse, você acha que seria capaz de pegar o volante e sair dirigindo? — Alan me pergunta, enquanto dirige o nosso Mercedes dourado em direção a Charleston, onde um peru bem temperado nos espera na casa de nosso filho Erik.

Rápido retrocesso: compramos o carro já faz mais de um mês, e embora inicialmente eu o tenha apelidado de "banheira", acreditando que seria grande e pesado demais para eu dirigir depois de uma vida apegada a Gols 1000, nosso novo Mercedes antigo vinha se mostrando robusto e extremamente confiável. Mas Alan não me "deixava" tocar nele, não faço a menor ideia se os dois eventos estão ou não ligados, tudo somado ao fato de que "levei pau" recentemente no exame de rua do "DETRAN" local, como já contei.

Estamos ambos animados com a nossa "aventura" na estrada, mas descontando o Thanksgiving, ando muito irritada com o Alan, que vem dia a dia desafiando a minha tolerância cansada e a minha paciência já esgotada com seus novos tiques de "rei da cocada americana". E minha pronta resposta, resultado instantâneo de meus insones pensamentos dos últimos dias, corta o ar dentro do carro como uma faca amolada:

— Se você desaparecer vou direto pro aeroporto e volto pro Brasil, tá pensando o quê? Que não sei viver sem você?

Ah, vocês não sabem, mas Alan é mestre nessa coisa de "desaparecer". Estou muito bem distraída no supermercado, quando, de repente, ele some do meu lado, ou pior, andando pela rua em *downtown* Greenville, por exemplo. O mais aflitivo é que o homem se recusa a usar um celular. Vocês devem se lembrar que já o perdi várias vezes no Brasil, a pior delas na pracinha de Correias, quando cheguei a acionar a polícia. E no Brasil ele até tinha um celular...

Deixo passar. Essa coisa de apego que comecei contando, por sinal, vale um comentário à parte: ando meio espantada com meu apego ao Brasil. No outro dia, por exemplo, sonhei que encontrava um casal de brasileiros aqui no nosso condomínio, engrenava num papo, depois apareciam outros, e logo eu estava cercada de brasileiros, concluindo que Haywood Pointe era uma espécie de "Brasil no estrangeiro", se é que vocês me entendem (não, até hoje não encontrei nenhum brasileiro em Greenville, embora saiba que o irmão da esposa do meu primo mora na cidade).

O sonho, deixa eu explicar — que para todo sonho há sempre uma explicação, variando a profundidade inconsciente da especulação —, fora, aparentemente, motivado por minha descoberta poucas horas antes, quando da minha mesa escutei o locutor da luta que Alan assistia apresentando todo empolgado o "Barboza, *from* Brazil" — que, aliás, venceu a luta com louvor, oh, Deus, como odeio esse MMA. Enfim, fiquei toda excitada com a brasileirada. No mesmo dia, esgotada depois de uma longa jornada de trabalho, Alan na cama já derrubado, aluguei um filme na Amazon que, sem nenhum motivo em especial — "por milagre", como na hora qualifiquei, não vão vocês ficar pensando que estou voltando ao espiritualismo, embora o tema do filme tivesse algo a ver com isso —, veio com legenda em português, ah, quanta saudade de uma legenda em português! O filme, infelizmente, era ruim à beça, mas a legenda uma delícia, prevalecendo altaneira sobre a ronqueira do marido.

Voltemos enfim ao tema principal da crônica. Deixando de lado o conforto dobrado de passar um feriado, estrangeiro

embora, na casa de um filho, recepcionada com o surpreenden-
te e carinhoso apelido de "Mother Noga", dou um *fast forward* e
estamos na manhã seguinte, quando embarcamos por volta das
10h00 em nosso Mercedes dourado, de volta "pra casa" — como
a gente se apega rápido a qualquer coisa, não é mesmo?

Chegamos à autoestrada sem nenhum desvio equivocado, sob as bênçãos de um onisciente GPS, é claro. Logo em seguida paramos num lugar horroroso para tomar café, porque na
casa do Erik só tem chá e Alan estava se queixando de que não
estava bem acordado. Foi aí que percebi que algo estava (muito)
errado e eu ainda não tinha percebido: Alan estacionou direto
sob uma placa que dizia "Proibido estacionar, sujeito a multa e
reboque".

— Alan, você não pode estacionar aqui! Tira o carro já!
— e ele nem aí, soltou o cinto, levantou e saiu trancando a porta.

— Quem disse?

— Alan! Não pode! Você quer sair do café e não encontrar mais o nosso carro?

Ele me deu as costas e saiu andando.

A verdade é que eu tinha botado na cabeça que por algum motivo não conseguiria dirigir o Mercedes, e tal crença
vinha prevalecendo há mais de 30 dias, cada vez mais arraigada.
Tinha até conversado a respeito disso com uma amiga, também
brasileira, que me confessou que aqui nos Estados Unidos só
dirige esporadicamente, e mesmo assim só nas redondezas de
sua casa.

Agora, no entanto, eu já não tinha como escapar da acachapante realidade: Alan estava muito estranho, fora do normal,
under the influence de alguma substância que eu desconhecia,
ou simplesmente com uma puta ressaca incapacitante depois do
porre do Thanksgiving, sei lá.

O fato é que, embora ainda estivesse fisicamente lá, sua
mente parecia ter "desaparecido", como ele mesmo havia an-
tecipado no dia anterior, e eu não tinha outra saída a não ser
assumir o volante do nosso Mercedes. Mudei para o banco do
motorista, ajustei o assento, o encosto, e em seguida a altura do

volante (o carro tem comandos automáticos para tudo, o banco vai para cima e para baixo, para a frente, até o encosto do pescoço pode ser ajustado à vontade para adaptar-se ao pescoço de quem dirige, imaginem), soltei o freio de mão e arranquei.

Para minha surpresa, o carro não deu o costumeiro arranco automático de gente acostumada a uma boa e dura embreagem, ao contrário, deslizou suavemente como uma aeronave, taxiando em direção à vaga do outro lado do estacionamento.

Depois do café, continuava óbvio que Alan não podia, ou não queria dirigir. Retomei meu posto recém imposto e voltamos à estrada, minhas mãos agarrando o volante com toda a força das minhas inseguras suposições. Dirigir o Mercedes estava fácil, devo confessar, mas as mãos tão tensas que chegava a doer.

O tanque estava quase vazio, era preciso abastecer. Peguei a saída seguinte. Não faço ideia de como isso aconteceu, mas o desvio não nos levou a posto nenhum, era apenas uma estrada reta, desimpedida, em direção ao nada. Aí perdi o controle e me desesperei. Entre soluços e lágrimas, me entreguei:

— Alan, *what did I do*?

E ele, com a absurda calma dos drogados:

— Errou. Retorna.

— Mas posso fazer a volta assim, no meio da estrada?

Fiz. Retornei. Mas a saída seguinte se impunha, e dessa vez cheguei direitinho ao posto de gasolina e estacionei junto à bomba disponível. Como vocês sabem, tudo aqui nos Estados Unidos é muito fácil, muito prático. O problema é que não há tempo para pensar, você precisa decidir tudo muito rápido porque tem gente na fila esperando. E tudo é bastante diferente do Brasil, desde as ferramentas do banco online e os métodos da lavanderia coletiva até o posto de gasolina, onde, terror dos terrores, você precisa abastecer sozinho.

Enquanto passo o cartão na bomba e me preparo para tirar a mangueira de combustível, com o rabo do olho vejo Alan se afastando.

— Alan! Você vai me ajudar, não é?

Bem, para encurtar a história, fui obrigada sem anestesia não só a dirigir na autoestrada americana, onde a velocidade mínima permitida — mínima, é isso mesmo! — é 45 *mph*, sendo a máxima 75 (72 a 120 km/h), como também a botar gasolina sem ajuda nenhuma. Em poucas horas meu Mercedes e eu já funcionávamos como um só corpo, eu rindo e contando piadas em inglês, com a ressalva de que o carro é tão leve, mas tão leve e macio que sem perceber você já excedeu o limite de velocidade. Isso, para nem mencionar a facilidade do "piloto automático" que ainda nem consegui entender como funciona, pois é, é ridícula a minha ignorância, fazer o quê.

Quando estacionei em Greenville intacta, e em perfeita segurança, Alan disse que se sentira muito bem no banco do carona. E pude, enfim, dar graças de verdade, "*a day late and a dollar short*",[3] como se diz aqui nos Estados Unidos. Hoje vou dirigir até Paris Mountain, essa coisa pega, oba.

---

3 "Com um dia de atraso e um dólar de menos", em tradução livre.

CIRCUNFLEXÕES

Mais vale um mau acordo que uma boa demanda.
Provérbio português

D evo começar esta crônica com uma confissão, para variar: escolhi deliberadamente escrevê-la antes da hora, enquanto me encontro num dos pontos mais baixos da minha "curva de humor". Isso, porque acredito, de certa forma, que a depressão — talvez no meu caso fosse mais adequado dizer "a mais completa exaustão" — seja bastante prolífica quando se trata de literatura. Então, deixo de lado por breves momentos de prazer (ui, contradição) minhas múltiplas personas obrigatórias e me concentro na cronista, na cronista deprimida, digo.

Volta e meia me lembro de mamãe me ensinando a entender que "quando eu estava com fome ou muito cansada, eu sentava e chorava". Pois ontem à noite me sentei e chorei, e sigo chorando desde então, um legítimo colapso nervoso.

Não importa quão grande seja o desafio que encontramos nesta vida, não se incomodem, sempre haverá pela frente um desafio maior. A não ser no Brasil, é claro, onde tudo o que é dito pode ser desdito sem maiores consequências, e todo crime — os financeiros, pelo menos, com toda a certeza — pode ser perdoado com a força da lei... e o apoio inconteste do Congresso Nacional.

Não moro mais no Brasil, taí, este é um fato concreto que, apesar de tão impositivo, ainda não adquiriu para mim *status* de realidade. Essas coisas demoram, costumam levar bastante mais tempo do que a gente sempre espera, pelo menos. E são bem mais difíceis do que o esperado também, mesmo que a mudança seja para melhor, no caso em questão, para muito melhor, *sorry, folks*.

E aqui estou, num país novo, uma mentalidade nova e tudo o mais que confere ao ambiente que me cerca uma estranheza só, com a qual só consigo lidar por enquanto em doses bastante homeopáticas (com uma queda ou outra no buraco negro da consciência), como ocorreu com a falta de cê cedilha e o circunflexo deslocado no teclado do novo computador, é, agora ainda por cima com um notebook desconhecido, algo que é sempre assustador: tenho que me ajustar ao fato de que, embora veja dois pontos e ponto e vírgula numa tecla sob meus dedos e aspas na outra, trata-se na verdade, indubitável e respectivamente, de um cê cedilha e de um circunflexo respectivamente "em português". E por aí vai. Mal imagino o que Alan terá passado em dez anos de Brasil, durante os quais nem sequer conseguia atender o telefone.

Nem sei como dirigi até aqui no final desta manhã, de volta "pra casa", digo, voltando de uma reunião com o "comitê de arquitetura" de nosso novo condomínio, e embora sejam muitos os ajustes necessários, creio que temos, finalmente, um plano de ação. No plano teórico, pelo menos.

Na reunião, tentei descrever como vivi 60 anos de minha vida sob um clima de instabilidade e insegurança econômica que os americanos, embora reclamem tanto de seu governo sob a liderança de Obama, estão longe de serem capazes de compreender. Francamente, eles não fazem a menor ideia, assim como não faço ideia de como conseguem viver com toda essa confiança nas instituições que os caracteriza — bem, não há motivo para tanta confiança assim, eu, pelo menos, não consegui fazer valer meus direitos de consumidora com a camiseta nova da Zara em cuja manga direita, sem que eu soubesse como, apareceram dois buracos na primeira vez em que a usei. Alan diz que é porque "não sei como fazê-los valer", os direitos, digo. Tudo bem, acredito que seja isso mesmo, mas, enfim, eis-me aqui remendando (pacientemente ou não, isso agora é o que menos importa) os buracos da camiseta nova, hum, boa metáfora, não?

Metáforas, devo confessar de novo, não têm faltado em minha vida diária — eu diria "luta", mas o primeiro mundo não deixa. Ontem mesmo, imaginem, passei parte do dia para conseguir instalar um aplicativo de segurança do Banco Itaú que, simplesmente, não funciona no "ambiente Windows 8" do novo computador. Isso, para nem mencionar o problema do dicionário Houaiss, até anteontem a minha escolha favorita em termos de dicionário: o novo computador, pasmem, não vem mais com drive de CD (*device* em pleno processo de extinção, como extintos já foram, respectivamente, o disquete redondo e em seguida o disquete quadrado também... disquete? O que é isso?), o que torna meu CD original, comprado na caixa e tudo por um bom dinheiro, completamente obsoleto. Ainda bem que há mais de um ano optei pelo Adobe Creative Cloud, que contém todos os softwares mais importantes que uso diariamente — pelo menos uma coisa a menos pela qual chorar: já passei por esse sufoco há algum tempo, então, felizmente, não estou totalmente crua nesse quesito de "nuvem"... mas crua o suficiente para sofrer um bocado.

Cá entre nós, ainda estou com sorte, pois os computadores mais modernos, mas mais modernos mesmo, se é que vocês me entendem, nem sequer têm um HD pra chamar de seu! É tudo, tudo na nuvem, softwares, dados, tudo! E põe (in)segurança nisso!

E eis me aqui, bravamente, transferindo tudo, desde o sistema de e-mails até os milhares de arquivos que acumulei em cinco anos de KBR.

Tudo bem, o brasileiro é antes de tudo um forte — atrasado, procrastinador e com reserva de mercado, mas um forte mesmo assim —, e sabe Deus que tenho feito de tudo para fazer funcionar essa fortaleza toda. Há dias, no entanto, em que não a encontro. Evaporou-se, dissolveu-se entre as nuvens, como tudo o mais que tem me desafiado cotidianamente.

Depois melhora. No final, terei o que preciso ao meu rápido alcance em "todos os aparelhos disponíveis", um banco de dados bem mais fluente e... bem, como dizia aquele velho amigo, se ainda não deu tudo certo é porque ainda não está, melhor, ainda não estou "no final", não é mesmo?

Ah, e por falar em dicionário, sem cujos recursos não posso prosseguir no trabalho, felizmente encontrei um aplicativo excelente do Aurélio para Windows 8 disponível na loja da Microsoft. Comprei no ato, e nele já flutuo com alguma desenvoltura, oba. Já é algum progresso conquistado, nesta admirável rede nova, nova demais para o meu gosto.

NISHT AHIN, NISHT AHER

— Alan, aqui nos EUA também é assim, muda tudo a toda hora? — pergunto, referindo-me ao fato de que a Receita brasileira acaba de acrescentar cinco novos campos obrigatórios à emissão de notas fiscais, me deixando perdida, para variar.

— Claro que não. Isso é coisa de república de bananas, Rússia, China — sem nenhum preconceito, por favor. A parte "onde grassa a impunidade" ele não acrescenta, só pensa, mas como boa adepta do indispensável "jogo de cintura" tenho que ler até pensamento, sabem como é.

Isso aí. Por mais que eu tenha tentado prever que problemas teria por estar nos Estados Unidos administrando uma empresa no Brasil, tendo inclusive comprado um certificado digital obrigatório válido por três anos e renovável por outros três (vocês acreditam mesmo que o atual modelo brasileiro de certificado digital vai durar essa eternidade toda?), não foi só o formulário de notas fiscais que mudou esta semana, mas também o aplicativo de segurança do Banco Itaú. Até aí, tudo bem, já que o dispositivo antigo era apontado por 10 entre 10 antivirus como um arquivo "suspeito" (nada a ver com seu emissor "Gas Tecnologia", obviamente), além de ter apenas uma estrela na cotação do Chrome — uma estrela, isso mesmo, uma vergonha mundial para o maior banco nacional.

O problema é que, para se ter acesso ao aplicativo novo, é preciso um celular no Brasil, e para conseguir instalá-lo tive que enfrentar uma teia kafkiana, da qual fui resgatada pela gentileza de minha gerente petropolitana e pela generosidade do meu mano Caetano, que tem sistematicamente quebrado todos os meus galhos neste período de adaptação à minha voluntária condição de autoexilada.

Conclusão: nem tente brincar de emigrado se você não tem uma base potente de pelo menos *um* amigo muito paciente e dedicado radicado no Brasil, entendeu bem?

Outra amiga rebate no Facebook qualquer possível "euforia de liberdade" por ter escapado a tempo à (cada vez mais) ilógica e corrompida Pátria Amada Brasil: "Nosso dinheiro vale uma merreca no exterior — é fato — e o plano de saúde pago há tantos anos, por exemplo, tem que ser deixado para trás".

Tá bom. Mas será que estando de alguma forma inserido na sociedade americana alguém vai fazer questão de tratamento médico no Brasil? Não sei. Não tenho plano de saúde, *nisht ahin, nisht aher*, como diria vovó em iídiche — em prosaico português "nem cá nem lá". O negócio é torcer para não ficar doente, ainda mais com tanto anúncio de remédio na televisão — algo que nunca se vê no Brasil, uma sorte, vamos combinar —, com ênfase em todos os mortais efeitos colaterais, uma espécie de forçosa propagação oral da nossa conhecida bula obrigatória por lei. Quase escrevi "burla", mas consegui me controlar. Ufa.

Taí: "*nisht ahin nisht aher*" é a mais perfeita definição de como tenho me sentido, isso, para não apelar para a velha lenda esopiana da gralha e da pomba, ah, vocês não conhecem, sobre a gralha que se disfarça de pomba mas nem assim consegue ser aceita entre as pombas, ou seria o contrário?

Afinal, serei gralha ou serei pomba? Pelo menos no nosso terreno em Paris Mountain só se escutam gralhas, ou corvos, e temos tentando não prestar atenção à noção cinematográfica de que um corvo grasnando é sempre sinal de algum mal prestes a ocorrer, mas é só neurose, deixa pra lá. Ou então uma mera característica local.

A verdade é que, como lembrou uma terceira amiga — que esta semana me estendeu a mão para "aliviar meu fardo, que anda muito pesado", ou vocês estão pensando que emigrar é arroz com feijão? —, tendo nascido em Israel, vivido em Belo Horizonte, morado no Rio, em Brasília e em Petrópolis e vivendo hoje em Greenville, nos Estados Unidos, estou mais do que qualificada como observadora destacada — destacada do ambiente que a cerca, digo, acostumada a se sentir isolada, um incômodo danado que só consegue ser levemente relativizado pela ubiquidade do Facebook.

De cada lugar onde morei carrego comigo uma ou outra pena (pena de gralha, claro, ou seria de pomba, "pomba" tendo hoje em dia uma reputação meio falha?). Mas de Minas, devo confessar, trago uma personalidade inteira, um legítimo "retorno do recalcado", poderíamos dizer, tendo a infância e adolescência para reforçá--la. E o mineiro, como vocês sabem, é intrinsecamente um desconfiado, o que tem causado ao Alan certo sofrimento, devo reconhecer. E ele não deixa barato de jeito nenhum.

Prometi a ele que uma vez nos Estados Unidos o deixaria livre para me controlar, mas quem disse que consigo me entregar? Desconfio, desconfio sim, é minha primeira natureza, que nem naquela história do sapo e do escorpião, mas chega de fábulas por hoje. Crescendo no Brasil, como poderia ser diferente?

Começando pela minha família tradicional judia mineira, tenho que lidar diariamente com um descrédito cotidiano que nem sei de onde vem — fui sempre razoavelmente inteligente e bem-sucedida — ou se a bem da verdade ainda está lá, agora que nos custa um bocado a gente se comunicar, apesar de Skype, Facebook etc. Mas como entendi esta semana, embora esteja tentando fervorosamente usufruir da minha recente liberdade de estrangeira — traidora, diriam alguns — formei um "calo" mental que nunca deixa de incomodar.

Isso, pra nem mencionar os prévios maridos, um que me

traía ostensivamente e outro muito provavelmente. E sem deixar de fora os empreiteiros, como aquele de Itaipava que nos ofereceu a "garantia de seu bigode", algo que Alan nunca esquece nem deixa de enfatizar.

É, o Brasil traumatiza a gente. E é justamente nesse quesito de empreiteiro, melhor dizendo, de empreitada, que tenho sofrido agora frente ao Alan a "síndrome da promessa quebrada". Não consigo deixar tudo a cargo dele e pronto, principalmente por estar me sentindo insegura, uma eterna vítima das adversas circunstâncias, o que se era fato incontestável no Brasil aqui nos EUA parece apenas uma velha mania de perseguição.

Fato é que avançamos um bocado esta semana, devo reconhecer, enquanto no Brasil avança a impunidade anunciada, fato nada inusitado para quem, como bem lembrou o contador que consultamos e que mantém negócios com brasileiros, já enfrentou nem se sabe quantas moedas diferentes e uma realidade angustiante onde "era preciso pagar o almoço antes de comer, pois depois da refeição custaria o dobro". Encontramos um arquiteto e um empreiteiro que me parecem confiáveis, gente boa, simplesmente, *hopefully* também competentes, ou certamente iremos nos estrepar, restando apenas a fossa séptica para nos consolar.

Aí foi a vez de Alan desconfiar, só porque o arquiteto gostou do meu projeto, se é que vocês me entendem, reconhecendo que havia ali a mão de um profissional, brasileiro embora. Ou, em última instância, apenas para me provocar. Ou seria a velha neurose a me limitar?

Pois é. Só me resta "desapegar para transformar". Tô fazendo o melhor que posso, juro.

***

P.S., porque no Brasil sempre há um PS: a crônica já estava pronta quando recebi um comunicado oficial de que a Singular Digital, com quem a KBR há quatro anos fez parceira pioneira para publicação de livros impressos sob demanda, sempre, aliás, com resultados frustrantes e desastrosos, acaba de fechar as portas deixando os clientes com as calças na mão. Chocante, apesar de todos os avisos, do destino e das lâmpadas queimadas sem reposição, para não mencionar as capas descoladas e os erros de impressão... Nossa mãe.

HARAQUIRI

"Todo dia eu só penso em poder parar", ah, é, pois é, esqueci. Desde seu explícito apoio ao PT nas últimas eleições não se pode mais citar Chico Buarque em lugar nenhum que se considere politicamente correto. Eu até queria intitular esta crônica "2014: o ano em que Chico Buarque foi proibido", mas fiquei com receio de ser criticada por alguma dica histórica mal mencionada: "Isso não foi há anos, durante a ditadura militar?"; "Ah, não, aquele não era o Chico, era o Julinho da Adelaide", a poesia de Chico estava acima do que se poderia impedir, sempre haveria uma receita de vida para a gente se distrair.

Taí. O Brasil hoje em dia anda tão moralmente relativizado que tem gente aí querendo — e em público, imaginem —, a volta da dita dura, só mesmo um fuzil na fachada para dar uma ajeitada nessa bagunça em que o país se afundou. Mas vocês não iam querer isso de verdade, não é mesmo? Militarizar a disciplina, digo.

Por outro lado, bem que eu gostaria de ver dona Dilma de frente para o *paredón* ajoelhada no milho e pedindo *perdón*, só de brincadeirinha, pois depois da recente "abertura dos portos pelo rei dos Estados Unidos" o *paredón* virou peça de museu, absurdo completamente anacrônico retratado na parede do Coliseu onde leões e gladiadores, todos viciados em consumir computadores, se despedem de vitalícia roubalheira no Senado Federal atravessando o Rubicão no sentido contrário. Vida longa à vanguarda do Maranhão, ops, desculpem.

Depois de arre(ca)dados todos os obstáculos legais, misturaram-se completamente todas as noções de sociedade patronal — paternalista, digo —, enfiadas sem nenhuma respeitabilidade no saco de bondades do "cartel da leniência".

Tá bem. Também eu estou de saco cheio nesta viral do ano, doida para decretar neste fim de semana terminal uma espécie de "férias coletivas" para todos os meus eus.

A bem da verdade, 2014 foi o ano em que eu "escapei", realizei o sonho de 9 entre 10 brasileiros insones e enfiei no saco a viola da fiel nacionalidade, algo, em verdade vos digo, já de nascença confuso para mim. Mas, desde que aterrissei neste porto seguro do lado de cá, ainda não consegui me convencer a confiar em nenhum pretenso senso de estabilidade, pois meu coração escorregou feio na curva do câmbio descontrolado adiando a supostamente tranquila adaptação, ufa, para não mencionar os compromissos de crédito anteriormente assumidos. Em resumo, ainda não consegui me sentir liberada do impositivo "efeito Brasil".

Ok. Sou muito neurótica, mesmo, reconheço. Basta uma leve piscada para ser cooptada por algum novo hábito diário obrigatório, e agora, ainda por cima, me vejo viciada nos crimes em série que se cometem em nome do povo, francamente: o Brasil se tornou o saco de pancada da corrupção institucionalizada, e além do nome sujo na bolsa de valores globalizada, temos que lidar com a vergonha de nossa "líder" (e, por sinal, também do líder dela, *por qué no te callas* etc. etc.) posta por si mesma acima de qualquer suspeita comprovada pela justiça.

Todo dia ela faz tudo sempre igual: sacode a ilibada moral e aparece com um amplo sorriso nas manchetes de jornal, prometendo ao povo incauto "restaurar a confiança nacional". Entendo bem que nesta altura da delação reprimida, incluir-se na nau dos condenados seria contentar-se com um honrado, porém político suicídio conceitual, evitar quem há de?

É mesmo de amargar. Mudou o mundo ou mudei eu? Nem no espectro do sol nascente se faz mais haraquiri como antigamente, muito pelo contrário: se cede sem pejo às exigências dos hackers de lá para aterrorizar nosso senso de graça aqui, nem se pode mais ironizar uma desumanidade que ninguém consegue entender como pôde se abastardar tanto. Vamos combinar que esses atos vis de guerra cibernética, de um jeito ou de outro, terão que parar um dia, nem que seja pela galhardia de uma nova *"pièce de résistence"*, generosamente patrocinada pelo domínio mundial da literatura motivacional.

Se a gente perdesse a liberdade de falar mal do governo como gostaria, que tipo de democracia nos restaria? No mais, percebam, é tudo comédia. Claro, confundo de verdade.

Ok. Estou imprestável hoje. Porque como todo um país, países, onde a mera noção de correção social parece ter perdido toda a validade neste alvorecer de 2015, solapando a lógica do que norteia cotidianamente a realidade, sinto meu cérebro esgotado, transformado numa macarronada grudada, talharim passado do ponto depois de fervido vivo no excesso de informação diariamente compartilhado.

Poupem-me. Não quero saber de mais nada, nem de pizza nem de feijoada, e por conta disso desligo temporariamente o botão da manada. Fui.

Casa nova, vida nova
(ou de como um projeto Bauhaus adquiriu um inusitado telhado sulista)

É inacreditável como a gente não se livra nunca de um preconceito arraigado, enfiado na infância, ou, segundo psicólogos mais abalizados, antes dos três anos de idade.

Eu, por exemplo, determinei a mim mesma que trabalhar no Natal seria demais da conta, e em seguida decidi que era o dia ideal para escrever a crônica desta semana, afinal de contas, "escrever não é profissão", o que não espanta nadinha num país onde o Ministro da Educação declarou publicamente no passado seu desprezo pelos professores: "Professor é profissão para quem não quer ganhar dinheiro". Aos bons entendedores, deixo em suspenso a obrigatória comparação.

É. Decididamente, no Brasil o passado não condena, muito antes pelo contrário: ao que parece, até recomenda, mas não vão vocês pensando que estou falando de meritocracia, não, nada disso. Pelo visto, a condição *sine qua non* para estar por cima da carne seca neste novo governo que se inicia em primeiro de janeiro (ui, arrepio) é um certo grau de intenção criminosa no passado, de ignorância, gosto pelo atraso, isso, para nem mencionar a institucionalização (puta palavrão) da pura e simples roubalheira.

Mas o que é isso! É temporada de festas, minha gente, e embora o passado remoto em nada recomende a data para os descendentes da fé mosaica como eu, hoje em dia essa diferença já não vale mais nada. O Natal tornou-se impositivo, não uma questão de crença, como antigamente, mas do marketing da alegria e da solidariedade, ops, desculpem, muito inadequado mesmo esse meu comentário; mas no Brasil, convenhamos, comentário inadequado tornou-se uma "segunda natureza", pena que nos outros casos seja prova de vileza, não de transparência e pensamento honesto, ainda que "politicamente incorreto".

Pois cá estou eu, no meu primeiro "Natal americano", mais grave, "sulista". E por falar em marketing consumista, Alan acaba de me dizer que o "Natal é uma festa americana", pode?

Pior que é verdade. Os americanos não só inventaram este Natal que está aí hoje em dia, como também uma longa lista de outras coisas sem as quais aparentemente já não podemos sobreviver.

Embora assim pareça pelo tom aí em cima, não sou nada saudosista, muito pelo contrário. Quando era espiritualista, fui muitas vezes criticada por "mudar radicalmente e queimar as pontes para o passado", tudo isso, dizem, por causa de um grande quadrado no meu mapa astrológico, ou por outro lado, de uma linha da vida bem longa, porém várias vezes interrompida, sei lá.

Fato é que me reinventar completamente de vez em quando constitui no meu caso a tal "segunda natureza". E essa coisa cansa, devo confessar. Embora depois que a crise passa sempre me encontre num ponto melhor para continuar, fazendo do passado não muito mais do que um livro publicado, algo sem grande valor real como já determinamos nos prolegômenos desta crônica. Ainda por cima em se tratando de literatura "confessional", gênero solenemente ignorado em território nacional.

Entre altos e baixos, tempo bom e tempo ruim, devo reconhecer que estou muito bem aqui, e que qualquer possível incômodo provocado por meu choque de realidade em breve não passará de um livro como todos os outros. A noite passada, por exemplo, sonhei que tinha voltado para o Brasil, e para o Rio 40°, imaginem só (já não se fazem 40 graus à sombra como antigamente, agora é "uma sensação térmica de 50°"). Estava procurando apartamento para alugar, e muito misteriosamente, como só os sonhos soem ser, todos os lugares considerados eram locais onde já morei no passado. Pouco antes de acordar, a corretora estava me oferecendo a minha velha cobertura na Padre Leonel Franca (vulgo Autoestrada Lagoa-Barra), com vista para o túnel Dois Irmãos, hoje Zuzu Angel — nome esquisito para mim, pois conheci Zuzu pessoalmente, antes de sua luta perdida contra a ditadura militar, e Deus, como ela era de elite (leia-se "muito chique"). E muito encalorada, sem carro e quase sem nada, me mostrei altamente interessada, enquanto revia na mente o apartamento em seus mínimos detalhes ruins (uma "*hurveh*" — desgraça, ruína — como o rotulou mamãe, antes da extensa reforma que o tornou lindo), algumas coisas, é claro, tendo dado uma boa piorada, como o trânsito intenso para a Barra da Tijuca, por exemplo. Ui.

Ah, é, quase sem querer já fui cedendo ao impulso "natural" — naturalmente imposto pela mídia e bastante agravado pelo advento das redes sociais — de fazer um balanço no fim de cada ano. Não vou perder meu tempo com as tais resoluções, que mais não são do que meras distrações para nos aliviar do medo dos desafios sempre à nossa espera, a não ser que tenhamos decidido não mudar e não evoluir nunca, como, aliás, parece ser o movimento em certos segmentos de grande expressão atualmente no Brasil.

E para que não me venham com as maledicências da inveja, vou logo contando que de todos os lugares dos Estados Unidos, vim logo cair neste "sul profundo", onde a misoginia de plantão, imaginem, faz todo o esforço do mundo para "manter a mulher em seu devido lugar", embora, claro, devido à intensa divulgação dos nossos direitos em todo o planeta — menos nos países muçulmanos, não custa comparar —, esteja fadada a fracassar.

Pensei, sinceramente, que estava "viajando" quando percebi que certos profissionais locais só se dirigiam ao Alan, como se eu nem ali estivesse, e nunca apertavam a minha mão, como se eu tivesse uma espécie de doença muito contagiosa. Talvez bastasse para eles essa mania de igualdade entre os sexos — com uma leve superioridade feminina, obviamente — que não me larga nem me dá uma trégua, me envolvendo numa eterna guerra.

Porém, numa conversa no domingo passado, tive confirmada essa minha impressão: "A Carolina do Sul", me contou uma nova amiga, "é um dos estados mais retrógrados dos Estados Unidos". Mas só, deixem-me esclarecer, no que diz respeito à independência da mulher, frontalmente combatida pela igreja e pela educação familiar, apesar do fato de uma realidade acachapante de que um homem sozinho — "vítima um tanto confusa", como lembra a minha amiga, "de seu próprio condicionamento limitante" — já não seja capaz de se sustentar, que dirá a uma família de muitos filhos, pois imagino que o controle da natalidade deva ser igualmente desestimulado. Isso descontado, o nosso Estado tem uma economia em crescimento e uma conexão de internet em expansão, ainda que um pouco mais lenta do que seria de se desejar.

É, não se faz mais primeiro mundo como antigamente, se é que vocês me entendem. Nada é absoluto nesta vida, mas, não reparem, tudo isso não passa de uma vingança boba de minha parte por estar sendo obrigada a colocar um inusitado telhado no projeto Bauhaus da nossa nova casa, nada de *form follows function* desta vez, como sonhavam as mais modernas mentes... no início do século XX!

Retrocesso é tudo de bom, e eu (finjo que) gosto.

De toda maneira, *everything's fake in America*", dos tijolos "aparentes" às falsas telhas. No frigir dos ovos sem colesterol, tenho certeza de que a tradição provará ter ao menos um pingo de razão, ao menos nos dias de neve e furacão.

No mais, é tudo alegria! Muita bebida e pouca nostalgia! Há males que vem para bem, e muita reviravolta também, como, para fechar o ano com brilho, o fracasso retumbante dos ciberterroristas norte-coreanos no "*affair* Entrevista". Oba.

WINTER BLUES

Um dos grandes prazeres que temos tido aqui nos Estados Unidos é, simplesmente, nos deitarmos na grande cama que domina a sala ao longo da parede principal e assistir a um filme na Amazon, alugado ou quase grátis (pelo Amazon Prime, a US$99 por ano). Pois é, por algum motivo misterioso que nos escapa, não tivemos a capacidade de comprar um sofá — deve ser nostalgia do sofá vermelho que deixamos para trás —, e algumas vezes tivemos que explicar que este apartamento não passa de um acampamento enquanto construímos a nova casa. Obra, aliás, que ainda nem conseguimos começar. Isso, para não mencionar a nostalgia da casa linda que abandonamos no (só meu) torrão natal, devo confessar, exaustos depois de um longo dia de trabalho. Eu, pelo menos, estou sempre exausta ultimamente, deve ser a idade, sei lá, ou segundo Alan a falta de oxigênio no apartamento fechado.

Apesar de prazerosa, não é uma tarefa fácil como a princípio pode parecer. São milhares de filmes de todos os tipos, de grandes estúdios, produções independentes e uma não desprezível fatia de "*indies*", isto é, filmes autoproduzidos, bastante amadores para dizer o mínimo, algo equivalente à autopublicação de livros. Nosso único critério válido, em princípio, é a quantidade de estrelas atribuídas por outros espectadores, mas quem disse que nosso gosto regula com o deles? Raramente.

Embora Alan use seu tempo livre para assistir a todos os thrillers, filmes de mistério e crimes violentos em que põe as mãos — ou no caso, os olhos —, quando vamos assistir juntos, em geral, procuramos outros gêneros, dando ênfase a filmes sérios, profundos, léguas distantes dos bombásticos *blockbusters* com milhares de fãs ruidosos. Segundo ele mesmo, assiste os tais filmes de ação para dispersar a raiva que sente de mim e evitar me matar, efeito agravado, como seria de se esperar, pela exiguidade de espaço e de mobiliário neste escuro apartamento, que fica cada vez mais escuro à medida que o tempo passa... ou seria o inverno a que não estamos acostumados?

Temos tido sucesso, felizmente. Particularmente nesses dias meio parados de final e início de ano, decidimos por acordo tácito dar uma boa preferência a filmes pagos — alguns com atores conhecidos, outros nem tanto —, com prioridade para lançamentos bem recentes. E "descobrimos" algumas joias como o "Mr. Pip", com Hugh Laurie, uma análise originalíssima do valor da literatura com foco em *Great Expectations*, de Charles Dickens; o novo Woody Allen, "Magia ao luar" (título bobinho para um enfoque bem bacana do vazio e da indiscutível magia, ou química, que cercam o pensamento romântico); duas ou três histórias de imigrantes "salvos" pelos Estados Unidos (nada a ver com o meu "exílio de elite", obviamente) como "A boa mentira", título baseado também num grande expoente da literatura, *As aventuras de Huckleberry Finn* de Mark Twain; e a parábola filosófico-religiosa irlandesa "Calvary", que Alan particularmente adorou, por tender a uma certa "religiosidade lógica", se é que isso existe.

Mas nada nos preparou para um certo filmete independente irlandês que assistimos de graça ontem à noite, "The Stag", mal e porcamente traduzido para a grande mídia nos Estados Unidos como "The Bachelor Weekend" ("Um fim de semana de solteiros" ou algo assim), ou vocês pensavam que traduções ridículas de títulos de filme eram um mal cultural restrito ao Brasil? (Eu, sim.) Era o primeiro dia de 2015 e eu já o nomearia um dos grandes filmes do ano, ano passado, digo, 2013, ih, me enrolei de vez com o calendário.

"Stag", vejo no dicionário, é muito mais que uma "despedida de solteiro", uma espécie de confraternização exclusivamente masculina, e é disso essencialmente que trata o filme, que, no entanto, é muito mais que isso. Mas que se trata de um modo puramente masculino de ver as coisas, não se pode negar.

O atrativo do filme começa pela Irlanda, é claro. Embora nunca tenha estado lá (anota aí para o ano que se inicia), adoro a Irlanda e tudo o que ela já nos deu, com James Joyce no topo da pirâmide, obviamente. Adoro a íntima relação dos irlandeses com a bebida (contato que não seja aqui em casa, se é que vocês me entendem), a mania de cantar nos bares, o amor por seu país desgraçado, onde tudo dá sistematicamente errado há séculos, mais recentemente tendo passado por uma feroz crise econômica, deflagrada, pelo que estou sabendo, pela corrupção no mercado imobiliário, glória pouca para quem se concentrou no passado em construir uma identidade liberta do jugo exploratório da coroa inglesa e se debateu numa séria disputa entre a fé e o poder político tornada dramática por conta de atos terroristas — ou atos heroicos, sei lá, tudo é possível quando se trata da alma irlandesa.

Essa coisa de um amor incondicional por seu próprio país é marcante no filme, concentrada na música-tema "One", do U2, e colocando Bono como uma espécie de herói cultural nacional. Devo confessar que mesmo enxergando Bono como uma personalidade marcante no mundo do show business, nunca encarei o U2 dessa maneira nacionalista, e nem poderia! Não estou lá!

Só para enfatizar, Alan acaba de pontuar: "É impressionante a diferença entre um bom filme e as porcarias que andam por aí". E é mesmo.

Eu poderia resumir o roteiro numa expressão simplista, considerada um clichê deplorável por muitos, entre eles aquele meu amigo que se negava a ler qualquer texto ou livro que mencionasse a palavra "coração": desculpem aí, mas "Stag" é um filme "com coração".

O que me leva à mui justificada reclamação do crítico

literário José Castello, para quem falta coração à literatura contemporânea — ele menciona a brasileira, mas eu estendo o conceito sem medo nenhum ao estado terminal atual da literatura em geral, contaminada pelo vírus das "trilogias eróticas" que ninguém mais aguenta e pelas "fórmulas" para fazer sucesso amplamente divulgadas pelo KDP da Amazon em suas newsletters ("seus", o corretor ortográfico reclamou, pensando com certeza no conceito globalizado vindo do original em inglês, mas depois que expliquei ele se calou).

Pois coração é o que tem nos faltado, seja na literatura, na economia, nas redes sociais (nada a ver com fotos fofinhas de animaizinhos), nos alvos de marketing sempre ressaltados acima de tudo o mais. Paira em torno de nós um vazio de alma; no Brasil, principalmente, há um vazio educacional, cultural, que do jeito que a coisa anda para os lados da política ministerial, só tende a se agravar.

Resta confessar (de novo!) que, a cada vez que vejo no cinema um amor nacionalista, ou, por outro lado, uma vergonha do país natal, ou, finalmente, as duas coisas confundidas e misturadas, chego a chorar, a derramar lágrimas de (e pela) verdade, como faz em "Stag" o macho envergonhado, enfim cooptado pela emoção aquosa despertada pelo U2. Curiosamente, este é o tema central em vários desses filmes a que temos assistido. Deve ser uma energia disseminada no "ar", sei lá, ou no inconsciente coletivo inventado por Jung e tão bem traduzido pela internet, embora Jung tenha fugido da superficialidade como o diabo do conceito de pura bondade.

Para uma crônica de princípio de ano e originalmente sem assunto, acho que já está de bom tamanho. Então tchau procês.

Submissão

"**N**ão tenho esposa nem filhos, não tenho carro, nem crédito. Prefiro morrer de pé a viver de joelhos", declarou ao jornal *Le Monde* o jornalista Stéphane Charbonnier, cartunista, 47 anos, ao ser ameaçado de morte por radicais islamistas. "Charb", árduo defensor da liberdade de expressão doa a quem doer, foi assassinado quarta-feira de manhã em Paris ao lado de seus colegas de redação, no escritório do semanário satírico francês *Charlie Hebdo*, uma introdução desnecessária à compreensão desta crônica. Afinal de contas, quem, em todo o mundo civilizado, ignora agora o que aconteceu em Paris?

Confesso que quando acordei — mantendo a duras penas a mesma rotina, ainda escrevo às sextas pela manhã — ainda hesitei quanto ao tema que abordaria. Pensei que talvez fosse mais compensador escrever sobre as miudezas que me aporrinham nos dias de hoje — projeto de arquitetura, briga de estilo com o futuro condomínio, pequenas revelações de invasões urbanas e indecisão de marido — mas fui logo chacoalhada pela notícia de mais uma violência, um sequestro numa delicatéssen judaica nos arredores de Paris, aparentemente vinculado ao atentado da véspera.

Agora, quando efetivamente escrevo, a polícia francesa colocou um ponto e vírgula nos dois lamentáveis episódios e três criminosos estão mortos: os dois suspeitos do atentado ao *Charlie* mais um dos sequestradores da mercearia *kosher*. "Suspeitos": aí é que mora o grande problema.

Depois de ter falhado na proteção a Charbonnier, a polícia francesa teve atuação exemplar, devo ressaltar. Mas a verdadeira criminosa mascarada, a intolerância religiosa, apelidada por muitos de "guerra santa", ou "assassinato em nome de um Deus", continua à solta por aí, ninguém quer saber onde e finge que não a viu; e a vítima verdadeira de todos esses atentados contra a humanidade continua a sangrar, e ninguém por enquanto sabe por quanto tempo ela irá se preservar: a liberdade de opinião.

Não sei se vocês perceberam, mas no parágrafo lá em cima invoquei os radicais "islamistas", uma amável deferência em nome de uma gigantesca comunidade global que diz tentar se destacar da irracionalidade comunal, mas nada faz para conseguir isso, ao contrário, em certas ocasiões especiais se posiciona claramente, aos gritos pelas ruas, como a "torcida organizada do terror", vamos combinar. Mesmo assim, separo os islâmicos dos "islamistas", esperando que também para vocês esse "istas" soe como uma espécie de doença, uma infecção civil que temos pacificamente observado contaminar nossos melhores ambientes, como Londres e Paris, onde criaram o impositivo conceito de "no-go" — nada a ver com meu nome, por favor — regiões onde é melhor você não pôr os pés se tem algum amor à vida, à arte, à cultura e à civilização, enclaves extremistas governados não pelo país que os abriga, mas pela Sharia infame, lei que atropela séculos de equanimidade jurídica para retroceder aos tempos bíblicos do olho por olho e dente por dente, francamente. Morreram e ainda não sabem, desencarnaram junto a seu autoproclamado profeta Maomé na caverna inclemente, nos idos dos anos 600. Zumbis, matem-se se quiserem.

Charbonnier, por sinal, candidato da hora a "último dos justos", reagiu contra a proposta do governo francês para reprimir manifestações islâmicas em Paris: "Se temos o direito de nos expressar, eles também têm". Na verdade, as ácidas críticas do semanário se estendiam a todas as religiões, uma tentação racional de que sofro também, mas ninguém precisa ser assassinado por isso.

A frase a seguir copiei da Wikipedia — onde fui pesquisar a morte de Maomé para a crônica — por seu tom apocalíptico de profecia que muita gente por aí vê se materializando, como Michel Houellebecq, por exemplo, em seu novo romance *Soumission*, no qual um muçulmano assume o governo da França em 2022 (o livro de Houllebecq está sendo visto como uma espécie de pivô do atentado, por ser o objeto da capa da semana do *Charlie Hebdo*, algo devido provavelmente ao fato de Bernard Maris, também morto na quarta-feira, ser seu amigo): "O ataque [de Maomé e seus acólitos a Meca] transcorreu em geral sem contestação e Maomé tomou a cidade com pouco derramamento de sangue. Ele destruiu os ídolos pagãos e enviou seus seguidores para destruírem todos os templos pagãos remanescentes na Arábia Oriental".

Pois é. Acho que o problema dessa gente é uma falha cultural na interpretação. Enquanto a maioria de nós, no Ocidente, consegue enxergar as sagas da Bíblia como simbólicas, menos que históricas (ou mais, de acordo com o grau de crença e o ponto de vista) — um exemplo conveniente é a destruição do bezerro de ouro,[4] ídolo cuja adoração é proibida pelo segundo mandamento —, os islamistas houveram por bem estender essa "sagrada" devastação à vida real contemporânea. Para eles, os tempos do Alcorão não terminam nunca, continuam aqui e agora como se nunca devessem ser olhados de fora, a nível metafórico, digo. Por falar em "submissão", juro por Deus — um conceito tão desgastado depois desse mais recente atentado que é melhor incluir qualquer Deus fora disso —, ouvi Anjem Choudary, um imã radical de Londres, declarar sem o menor constrangimento que "Islã não quer dizer pacífico,

---

4 Muito a propósito, a título de curiosidade, Alan e eu, que temos um passado como joalheiros, discutimos como a tal destruição do bezerro é tão simbólica quanto impossível na prática. Vocês sabem que temperatura é necessária para se destruir pelo fogo uma massa de ouro desse tamanho?

quer dizer submissão. Submetam-se à Lei Islâmica e teremos paz".

Há um motivo bem definido para essa "santa" violência — eu diria jihadista, mas a tradução não deixa — induzir um estado de ódio que me afeta profundamente, e determina minhas reações por vezes algo dementes: tudo isso está intimamente ligado a um crescente antissemitismo (que na verdade nunca foi abrandado, apenas camuflado), oficialmente reconhecido nesta sexta-feira no discurso de François Hollande, presidente francês, transmitido também ao vivo pela TV. Quer dizer, no fundo no fundo, embora tenha o privilégio de ainda permanecer viva, sou também uma vítima direta desse fundamentalismo que, em algum canto inútil da minha mente, esperei que ficasse confinado ao grave ano de 2014.

Ledo engano. 2015 entrou com tudo isso que vocês estão vendo aí, e temo que antes de melhorar, como esperam milhares de bem-intencionados evolucionistas sociais, tantas agressões à nossa mais básica noção de humano civismo ainda devem piorar muito.

Dezesseis de meus irmãos foram mortos covardemente entre hoje e ontem. *Je aussi suis Charlie. Long live Charlie.*

Noventa e três noites

Não sei se vocês se lembram, mas já contei como o maravilhoso colchão do nosso apê de Paris mudou nossa vida quando lá estivemos para os meus 60 anos, em 2012, embora obviamente não tenha causado o mesmo impacto quando voltamos dois anos mais tarde, há quase exatamente um ano, para os 70 do Alan. Terá envelhecido o colchão ou teremos nós? Ou será tudo isso saudade de uma Paris que já não há, infectada à nossa revelia por uma paranoia compreensível, mas que é de matar?

Pô. Peraí. Eu tinha um compromisso comigo mesma de pegar leve desta vez, afinal de contas, ninguém mais aguenta tanta brabeira tantos meses em seguida. Tá todo mundo precisando de um refresco, reconheço, alguns colunistas chegando ao extremo de pedir férias extras.

Vai daí que de volta ao Brasil — em 2012, melhor esclarecer antes que o inconsciente se precipite em conclusões — nosso primeiro ato foi comprar uma cama nova copiando a da parisiense Rue Galande, e gente, a cama era tão boa quanto, tenho certeza de que até hoje tem gente desfrutando, mas não nós, que a deixamos para trás, como (quase) tudo o mais.

Chegando a Greenville, como vocês bem sabem, montamos acampamento na sala por várias razões, uma delas se elucidando apenas recentemente, nas noites geladas do Hemisfério

Norte, a um tempo cortantes e deliciosas... desde que se ligue o aquecimento, é claro.

Pois é, o aquecimento. Funciona apenas na sala em Haywood Pointe, é isso aí. O quarto é um gelo total, só ultrapassado em temperatura (negativa) pelo Polo Norte dentro do closet, e eu que odiava desde sempre o calorão, hein? *Et voilà*, na sala nos instalamos quando, a bem da verdade, era ainda quase verão. Enxergamos longe, ou já imaginaram a trabalheira?

Enfim, entre uma medida temporária e outra, de olho na casa nova — por ironia, também em Paris, Paris Mountain desta vez — cuja obra até o presente momento ainda não deslanchou por motivos vários, decidimos que um bom colchão seria de lei, embora a cama propriamente dita não passasse de um estrado de pinho vagabundo. Não chegamos ao extremo de comprar um daqueles totalmente automáticos com controle remoto, que resolve até ronco de marido (ou de mulher, embora a simples menção desse assunto seja um bocado constrangedora para mim), não sei bem se oferece conforto total ou uma vaga lembrança de cama de hospital, mas tentamos nos aproximar o máximo possível da lembrança de Paris, França, incluídas as obrigatórias memórias românticas.

Um parêntese necessário seria o comentário de que certas coisas são absurdamente caras nos Estados Unidos, principalmente se multiplicadas por três (exagerando e já adiantando o rumo do nosso câmbio), entre elas... um colchão. Pelo preço do conjunto inteiro em Itaipava (colchão e box), Alan parcelou em seis vezes no cartão e naquela noite mesmo deixamos de dormir no chão. Foi um alívio. Temporário, embora.

Um dos fatores primordiais abordados na venda desses colhões, ops, colchões modernos (juro que foi sem querer, mas decidi deixar, tentando o meu melhor para soar hilária, mesmo estando no ponto de fissura da curva bipolar, o que frequentemente resulta em simples grossura, vulgaridade, mesmo), é que a pessoa deitada ao seu lado pode se mexer, se virar, se levantar para ir ao banheiro quantas vezes quiser que você nem vai perceber, e no caso do Brasil isso era razoavelmente verdade. Já nos Estados Unidos... no primeiro dia Alan já foi reclamando que eu me mexia demais e não o deixava adormecer. Eu, com o espírito esmagado pela nunca antes imaginada síndrome do exílio que não me larga, nada respondi, nem para lembrar as situações em que ele roncava (bem específicas, por sinal, não é coisa habitual, dependendo bastante do tipo e dosagem do sonífero consumido).

Prosseguimos. O problema é que o caríssimo colchão — hum mil, quinhentos e setenta e cinco reais e trinta e sete centavos ao câmbio comercial desta sexta-feira — não prosseguiu com a gente, e foi se deformando com o tempo.

Não sei como descrever isso delicadamente, com a *finesse* de uma *lady* que Alan exige do meu inglês, mas no lugar frequentemente ocupado por nossas glúteas adiposidades aos poucos uma depressão foi sendo agravada, a um ponto tal que esta semana Alan decidiu fazer valer seus direitos de consumidor e me pediu para localizar a nota de compra impecavelmente arquivada. Noventa e três noites maldormidas tinham se passado, e por sorte a garantia do colchão, com direito a devolução, se estendia a cem dias... e aqui se faz necessário mais um parêntese.

(Babem, se quiserem, mas aqui nos EUA o direito do consumidor costuma funcionar de verdade, "*no questions asked*",[5] com a raríssima exceção da Zara — que me mandou uma camiseta furada e não quis aceitá-la de volta com a desculpa esfarrapada de que tinha passado pelo controle de qualidade. Bem, na verdade foi esta a exceção que confirmou a regra, na qual, brasileira, não confio de jeito nenhum, mas Alan, sim, sem pestanejar.)

Pois Alan foi lá, levou duas fotos do colchão tiradas no celular e marcou a retirada daquele monstro do nosso apartamento naquela noite mesmo, tudo isso sem nem me consultar, pois é, ele tem andado desatencioso à beça comigo, acho que contaminado pela infame misoginia local que já comentei. Para amenizar o problema e não nos deixar sem ter onde dormir por sabe-se lá quantas noites mais, até encontrarmos um substituto

---

5 "Sem perguntar nada".

à altura, chegou em casa triunfante com um colchão inflável, bomba embutida e tudo, adquirido no Walmart por meros 50 dólares (para efeito de comparação, apenas cento e trinta e um reais e cinquenta centavos ao câmbio desta sexta-feira).

Bom, para encurtar a história, nem vou mencionar o alerta no Manual de Instruções, avisando que conforme as condições de uso e a temperatura do ambiente o colchão poderá explodir sem aviso prévio. Alan plugou o superbalão na tomada próxima à cama e fomos dormir... Bem, ele foi dormir, porque eu, confesso, fiquei tão alarmada com a possibilidade de explosão que naquela noite fiquei trabalhando no projeto da nossa casa até as quatro da manhã, quando fui obrigada pela exaustão a enfrentar a parada de qualquer maneira.

Pior a emenda que o soneto, fala sério, nunca uma frase feita foi tão verdadeira. A cada leve virada o inflado range, eu acordo, Alan reclama, diz que pareço uma manada inteira de elefantes, ignorando obviamente seu próprio e pesado movimento. Nem preciso comentar que estamos mais longe do que nunca dos nossos arroubos românticos dos tempos de Paris, se é que vocês me entendem.

Have a nice Sunday, pigs![6]

---

6 Por favor, não se ofendam: "pigs" é a exata tradução do Google para o meu mineiro "procês".

PONTO DE CORTE

Eu via de costas os dois meninos da mesma altura, vestindo casacos, sentados no balcão de bar. À frente de cada um, um copo vazio de milk-shake. Pensei se teriam dinheiro para pagar a conta, e no sonho mesmo já fui percebendo a minha dificuldade de absorver a passagem do tempo, tudo tão corrido... Meu irmão e meu primo. Os dois, hoje, com 60 anos de idade, nossa mãe.

Não são os únicos. Tive notícias esta semana de uma tia de quem sempre gostei, irmã do meu pai, e tentei calcular (da última vez que a vi fazia bodas de ouro no *moshav*[7] onde mora com o marido, em 1998, junto com os 50 anos da fundação de Israel): deve estar perto dos 90. Meu tio capricorniano fez 90 também, e a lista poderia ser longa, sabem como é, na vida só se tem duas opções: morrer cedo ou envelhecer, e ninguém deseja de verdade a primeira, não é mesmo?

Mas não é disso que quero falar, e sim da pressa que o tempo tem de passar, deve ser coisa da velhice, sei lá, embora eu tenha retomado esta semana o hábito de me exercitar, tendo até arriscado uma breve corrida, algo que pretendo manter daqui para frente... desde que me meti nessa empreitada de editora tenho estado num sedentarismo de fazer vergonha à malhadora

---

7 Espécie de fazenda coletiva, porém mais aberta que o kibutz.

que sempre fui, digo, que fui até há uns 10 anos. E cá entre nós, é tudo mental: 40 minutos por dia não sabotam a agenda de ninguém, não é mesmo?

O caso é que um dos efeitos mais marcantes da minha mudança de hemisfério é que desde que cheguei a Greenville, não sei por que (a diferença de horário agora é só de três horas, e quando cheguei era uma hora só), perdi completamente a noção do tempo. Meu ritmo circadiano está radicalmente alterado, e fico ligada o tempo todo no horário do Brasil, onde ainda se localiza o meu expediente diário. Não consigo saber as horas sem conferir na tela do computador, acordo tarde, trabalho até muito tarde e custo a adormecer, eu que sempre acordei com os passarinhos...

Bons tempos? Não sei. O que sei é que quando mais nova "tudo o que eu queria nesta vida" era conseguir dormir até meio-dia. Quando viajava com a "turma", era sempre a primeira a acordar, ficava horas sozinha, uma chatice... que dominei na marra quando comecei a malhar: chovesse ou fizesse sol, às sete já estava na academia.

Pois nem tudo que escrevo segue o "impulso do momento", e eu estava esperando o "ponto ideal" para escrever a última crônica do meu próximo livro — que já tem capa e tudo, apressada, sabem como é, isso parece que não muda nunca —, um evento que se repete anualmente entre janeiro e fevereiro desde 2009 mais ou menos, após o qual em geral me concedo um intervalo na lida (sem trocadilho), umas curtas férias da rotina de escrever e constantemente me retroexaminar em público, para o deleite de vocês. Ou tédio, digam aí sem medo. Mas tudo tem se atropelado tanto em todas as crônicas deste mesmo livro, o mundo tem se atropelado tanto e atropelado tanta gente, ou tanto a gente, que eu estava, me desculpem a comparação, que nem a descrição que a jornalista Miriam Leitão fez certa de vez de Dilma Roussef — se não me engano ainda na primeira eleição, sei lá, passou tão depressa, Miriam disse que a candidata a presidente "não tinha ponto de corte", um termo do jornalismo televisivo que descreve uma pessoa que "não para de falar nem para respirar", uma contradição, eu sei, visto que ultimamente o povo tem reclamado que a presidente não está falando nada. Vai entender, deve estar pasma, sem nada pra dizer. Mas Deus me livre e guarde. Depois então que li no jornal que a espetacular estadista redentora do nosso Brasil deixou de ir a Davos para estar presente na posse de Evo Morales, não mereço nem sequer ventilar tal absurda comparação.

Esperei chegar ao limiar de a obra da nossa casa começar, mas nos últimos dias esse mágico dia tem me parecido cada vez mais longe, e achei por bem liberar, deixar a expectativa maturar. Mais ainda quando o sonho da noite passada me alertou, ou me fez encarar, sei lá, a pressa do tempo, que, por mais que eu me apresse, insiste em me ultrapassar.

Francamente, amigos e clientes, estou precisando urgentemente das férias que não vou tirar, não se preocupem, porque com a tal mudança de hemisfério já foi muito tempo perdido, e tempo é um luxo a que não me posso dar, pelo menos enquanto a bendita obra não deslanchar. Quando então, se tudo (ou nem tudo, mas ao menos o *modus operandi* da minha mente, que felizmente terá se tornado mais otimista, mais confiante no fut... peraí, que futuro?) de repente se transformar, terei tantas coisas boas para compartilhar, a não ser, é claro, se o "relógio do Apocalipse" decidir finalmente se adiantar os últimos três minutos que faltam para a meia-noite nuclear, toc toc toc.

Falar nisso, enquanto escrevo neste exíguo apartamento, Alan, como é de praxe, assiste ao noticiário na TV no mesmo e único ambiente onde há um lugar para sentar, e acaba de me informar que o governo inteiro do Iêmen acaba de renunciar — depois de anunciar a renúncia no Facebook (?), confiro no *New York Times* —, deixando o espaço vago para a ascensão da Al Qaeda ao poder, patrocinada pelo Irã. Auspiciosas notícias, seguidas de um anúncio de pizza. *Tutti buona gente, hamdullah.*[8] E tchau procês.

---

8 Do árabe "Graças a Alá".

Pátria desalmada

Semana passada — ou no livro passado, entendam como qui-serem —, dei até uma dica de que, como ocorreu com o Ar-thur Dapieve (com quem, aliás, me agastei no ano passado e nem contei), estava na minha hora de fazer uma pausa e ir refrescar as ideias. Mas minha vida tem estado muito tensa, então, como perder a oportunidade de estripar tais tensões em público?

Alan recebeu um telefonema e saiu cedo, foi exercer seu recém-reforçado machismo caroliniano numa reunião com o "empreiteiro de 'escavação'" muito contra a minha vontade, mas larguei de mão. A emocionalidade nesta casa está, como bem diagnosticou meu amigo Caetano, num nível de maturidade máximo de jovens de 25 anos, um constrangimento, mas como a palavra "constrangimento" acabou de ser riscada do dicionário, deixa pra lá. Os dois, tendo o empreiteiro, aliás, sido descoberto por mim e recomendado pelo arquiteto que escolhi, terão sua re-união de "homens" onde "mulher não entra", mas, de duas uma: ou ele dará palpite errado como outros tantos que o precederam (ou vocês imaginavam que aqui nos EUA isso não existia?) e será sumariamente descartado, ou será aproveitado sob as ordens do empreiteiro que vou encontrar semana que vem, então é tudo teatro, deixo que encenem enquanto aproveito meu momento de calma e privacidade para escrever a crônica.

Tenho cortado um dobrado para aprender a "lidar" com situações que, para mim, acostumada a falar tudo na lata, são imensamente ridículas, mas cobram seu preço assim mesmo. Semana passada, por exemplo, não sei se já contei, resolvi que estava precisando de umas dores, ops, doses diárias de adrenalina, mesmo porque aqui nos Estados Unidos não tenho apoio médico nenhum e para conseguir alguma medicação, só roubando do meu marido. O que me deixa poucas opções, pois não sofro de hipertensão, só de uma tensão hiper, e arranjar um ansiolítico particular por essas bandas, nem pensar: estando fora da "malha médica" local, teria que vender o carro para financiar, e aí teria outra fonte de tensão muito maior para atrapalhar, não é mesmo? E toca a buscar dentro de mim recursos já exauridos, ou no mínimo adormecidos.

Pois dentro do programa pro-adrenalina, a atividade mais eficiente é a corrida, algo que aos 50 anos me serviu às mil maravilhas, até a Meia Maratona de Revezamento da Petrobras resolvi enfrentar, e não me saí nada mal. O problema é que agora tenho andado sedentária demais da conta, enquanto a Petrobras enfrenta sua própria maratona com as contas. Por falar em Petrobras — e teria pra falar muito mais — lembram do tempo em que a empresa disfarçava suas vilezas com o mais extenso programa de apoio às artes de que esse país aí de vocês já ouviu falar? Secundado apenas pelo orçamento cultural da Oi, mas este vamos deixar pra depois, pois a Oi ainda não começou a estrebuchar. Nem vou me ocupar em provocar ao dizer que a tal generosidade intelectual nada mais seria do que uma imensa lavanderia, testa de ferro, patrocínio de fachada, mas por um bom tempo era tudo o que a gente do setor cultural queria.

Um de nossos autores mais queridos, por exemplo, recebeu um prêmio aí, assinou contrato com a gente e desapareceu do cenário, primeiro por problemas pessoais, agora tenho certeza de que por impossibilidades operacionais, ou vocês imaginam que a Petrobras continuará enviando religiosamente seus cheques beneficentes? A conferir.

Mas, como dizia Jack o Estripador (ou não era ele?)...

primeiro a obrigação, depois a devoção. E depois que Alan, dando uma de Matheus (males de maridos candidatos a ex?), criticou minha forma física, cuidadosamente desesculpida em quatro anos de dura cadeira editorial, decidi que precisava fazer alguma coisa, mesmo porque por baixo de tudo estava a tal dose que ninguém pode reputar como ilegal da maior droga natural que o corpo humano já consumiu, a endorfina. A única questão é que para produzir uma dose genuína, só correndo atrás (sem trocadilho).

Então, comecei. Não sei se vocês sabem, mas aquela outra Noga, a que não era casada, muito menos com americano, e vivia uma vida castrada com sua mãe doente, punha na malhação a confiança última na possibilidade de um compensador expediente, eram três horas por dia divididas entre a corrida e a musculação, com um leve fecho de alongamento. E eu era, modéstia à parte, uma campeã de academia, "quase" tão flexível quanto uma Margot Fonteyn aos 60 anos, faltando, é claro, os braços delgados e toda aquela leveza. Elaborei um programa dentro de todo o conhecimento que acumulei, mas já no quinto dia, que revezava *sprints* de dois minutos com relaxamentos de três, senti que o joelho me chamava. Teimosa, prossegui, ainda caminhei sábado e domingo com ladeira na esteira (que a caminhada no plano não é "nada" para mim), e acabei manca.

Essa história, se preparem, será uma longa *meguile* (termo em iídiche que designa não sei bem o quê, envolvendo a leitura de histórias que ninguém mais lê, longas e detalhadas) — como uma em particular, muito a propósito, relatando a estratégia da Rainha Esther para ludibriar seu apaixonado Rei da Assíria e salvar os cornes de seu povo semita eternamente perseguido, *fait accompli* e festejado com o Purim que vem aí, o carnaval judeu, e vocês sabiam que isso existia? Para arrematar, eu poderia dizer "nem eu", mas na verdade soube disso a vida inteira, só não sacava nas idas e vindas da história o claro antissemitismo que continham, me concentrava no favoritismo do rei por sua rainha heroína que culminou em carnaval, taí um bom enredo para a Escola de Samba Mosaico Tropical.

Se havia uma coisa que a Rainha Esther não fazia era pregar prego sem estopa, se é que vocês me entendem. Não perdia tempo com estratégias bobas; o negócio dela era sacrifício arriscado mesmo, ou tudo ou nada, e Esther era ousada, arriscava a própria segurança idealista num suicídio assistido de alcova, um tipo de heroísmo que está hoje em dia enfiado numa cova sob sete palmos de terra. Estamos num buraco negro moral, meus amigos, que nos suga tudo o que poderia se tornar prova.

Vai daí que percebi hoje de manhã que meu novo estilo claudicante anda periclitante como a mente de sua genitora, e não é a primeira vez, porque em certas horas do dia, ou da noite, durante o sono profundo, a tal dor lancinante desaparece completamente. O que fazer? Vou confessar meu crime para vocês: enquanto Alan se divertia em seu encontro machista com o empreiteiro fui ao banheiro e me vinguei, roubei metade do calmante dele como ele roubou tantos na minha gaveta brasileira, porque agora a situação se inverteu, e aqui estou escrevendo essas besteiras, algo que contribui espetacularmente para o derramamento da depressão, esperando que a minha dor se transforme em revelação. Depois eu conto. Se ainda fosse "espiritualista", afirmaria sem pejo que a dor no joelho esquerdo se refere "à minha atual dificuldade como autoexilada em conectar o passado ao futuro, passando pelo presente de visto obscuro, e sendo do lado esquerdo, isso envolveria com certeza questões do feminino, na misoginia da Carolina quase um diagnóstico inconfundível de "loucura generacional", imaginem só. Mas isso são apenas firulas, um inútil racionalismo ilusório como todos sabemos; resta-me chegar por recursos próprios ao fundo profundo desta história, onde há relatos abalizados de santos milagreiros: "Levanta-te e anda!"

Duas coisas foram determinantes neste meu ato de cancelamento das minhas curtas férias de cronista na obrigatória entressafra entre um livro e outro: a primeira é que tenho sonhado um bocado, sonhos marcantes e estranhos dos quais me lembro com perfeição ao despertar. No da noite passada, por exemplo, eu tomava uma ducha num lugar aberto, parecendo um depósito de ferramentas ou algo assim. Comecei a dançar no banho e havia um sujeito olhando, eu disse, "por favor, estou tomando banho, é um momento privado". No momento seguinte o chuveiro elétrico foi desligado por um blackout momentâneo, mas que droga! Puxei o chuveiro, que com facilidade se desprendeu do cano, e vi que tinha havido um curto-circuito — nada a ver, obviamente, com a falta d'água e racionamento de energia no Brasil. Reclamei com o sujeito, ele disse que ia falar com o Lula, pois este tinha se comprometido a comprar-lhe outro chuveiro em troca de um cargo no ministério, pode?

Outra é que ontem estive trocando desgraças latino-americanas com minha faxineira venezuelana — uma melhorzinha desta vez —, no meu espanhol quebrado:

— *La señora habla muy bien el español.*

— Nada, é portunhol *mismo, todo brasileño cree que habla español... Vino para acá por causa de los hijos de mi marido, que es americano, pero la situación en Latino-América está cada vez peor...no podría más vivir en Brasil... todo lo que quieren es robar...*

— *Si, en Venezuela es lo mismo. ¡Allá escuchamos que el hijo de Lula es el mayor millonario de Brasil!*

Não respondi por alguns momentos, mas Luz (vejam que o nome também tem tudo a ver com o sonho) insistiu:

— *¿Usted escuchó lo que dijo?*

— *¿Qué? Creo que no te entendí.*

— *¿Que el hijo de Lula es el hombre más rico de Brasil?*

— *¡Ah, sí, lo más rico no sé... mas es rico suficiente!*

Ah, pátria desalmada, a ponto de fazer-me sentir irmanada nesse vexame moral bolivariano... e agradecida como a Luz, por estar amparada na terra dos "bravos", cuja lista de direitos básicos [*Bill of Rights*] inclui "a busca da felicidade" [*the pursuit of happiness*], Bem que eu estou tentando.

Só não fiquei arrasada por uns dois dias porque na noite daquele mesmo dia assisti a "Glória", um filme chileno entre o instigante e o deprimido onde a melhor glória era a música brasileira: é pau, é terra, é o fim do caminho, é um resto de toco, é um corpo sozinho (adaptei), ufa, a crônica que não ia nem ser escrita ficou tão longa que para ficar bem teria que ser dividida entre "Pátria desalmada I" e Pátria desalmada II", mas como aqui na minha empresa reina o despotismo, vou publicar assim mesmo. Aproveitem.

BANANAS IS MY BUSINESS

Não sei se vocês notaram, mas há duas semanas venho tentando curtir as minhas férias anuais de cronista, obrigatórias para relaxar a tensão memorialista, mas a vida não está me deixando.

A cada tentativa de um ensaio mais otimista, como, por exemplo, o da nossa autora Priscila Ferraz — a crônica dela saiu excelente, mas a ilusão da coitada dá até pena, e não a culpo, em todos nós há esse desejo latente de uma reviravolta potente, ninguém mais aguenta o deserto moral em que estamos metidos, nada a ver com a falta de chuvas, minha gente, mesmo porque, tendo falhado as previsões mais alarmistas, um *status quo* que tem sido comum em todas as mídias ao redor do mundo, apocalipse geral e coisa e tal, tem chovido a cântaros ultimamente no Brasil, ufa, fim do travessão —, a realidade nos atropela sem a menor piedade, nem a rima salva.

Agora, por exemplo, nessa tão aguardada sucessão da podre Petrobras, tudo o que fizeram foi trocar seis por meia dúzia, tá doido, sô, como diria o mineiro, pena que acabou deixado para escanteio.

Publiquei o seguinte comentário no Facebook indagorinha: "O que me espanta é a falta total de senso moral, cara de pau, falta de vergonha na cara, mesmo. Reaja, povo brasileiro!"

Mas, cá na encolha, que ninguém nos ouça, não vejo como o povo poderia reagir; o "povo" está esmagado, irmanado na sua raiva, tudo bem, pouco ou nada aliviada com a apreensão dos bens daquele pujante empresário que foi nomeado um dia "o retrato do Brasil", e, cão entre nós — ok, desculpem, foi erro de digitação, mas acabou caindo muito bem como um trocadilho infame, então deixei —, continua sendo! Pobre povo brasileiro!

Pois é. Lógica algébrica à parte, o Brasil do PT = Eike Batista[n] (safadeza e falsidade elevadas à enésima potência). É de amargar.

Enquanto isso, do lado de cá da perdida humanidade, estou tendo breves férias do marido, que foi curtir sua cria adulta num "fim de semana do Bolinha" — menina não entra, sabem como é.

E cá estou, seduzida e abandonada na América com um Mercedes parado na porta, mas não troco o desprazer do meu autoexílio por um tostão furado de amor pela pátria, toc toc toc. (Tá bem, sou velha, mas nem tanto assim, já não se usavam tostões furados há mais de um século quando nasci.)

Na verdade, estou este mês "entre a cruz e a caldeirinha" oficial, crucial para o meu utópico projeto de primeiro mundo e a exatos 58 dias de me tornar prisioneira do sonho americano, já que voltar, nem morta, mesmo porque, morta, daria um trabalhão e custaria uma fortuna. Além do mais, a discussão é exatamente esta: estou cortando um dobrado para convencer meu "patrocinador natural" a se "responsabilizar" por mim enquanto ainda estou viva, então por que morta ele daria a mínima?

Traduzindo: ou Alan me patrocina um Green Card imediatamente, ou em breve me tornarei prisioneira dos Estados Unidos da América, porque daqui não saio, daqui ninguém me tira, o que me lembra o Samuca, amigo das antigas, que descrevia há muitos anos a qualidade de vida nos condomínios de Alphaville, SP: "É uma prisão de luxo com todos os criminosos soltos do lado de fora". Exatamente como me sinto, isto é, me sentirei, se esse problema não for logo resolvido.

Para dar uma nota de alento, Alan acabou concordando que está mais do que na hora, principalmente depois que o ameacei de pedir asilo sob a alegação de "crueldade mental", em cuja descrição, "para fins de imigração"... tá bem, deixa pra lá, é tudo brincadeira de casal.

Mas, como sempre, com um fundo de verdade. Como Alan lembrou bem, a "crueldade mental" aqui em casa se verifica alternadamente por parte de ambos os habitantes, ele mais do que eu, claro, pelo menos agora no território em que ele é rei e eu a estrangeira deslocada. E estamos conversados.

O impressionante é como a relação legal dos atos da tal crueldade mental parece um catálogo internacional das maldades íntimas, ditas normais, perpetradas quase diariamente por casais duradouros, aqueles que escapam ao litígio que contamina quase todos os nossos amigos, ok, divórcio amigável, vá lá. Dez anos chega a ser uma glória, um relacionamento merecedor de constar nos anais de qualquer história, nada daqueles eternos casamentos protagonizados a ferro e fogo pela geração de mamãe.

Ok. Coloquemos na conta do carnaval. Este ano, tá combinado, nós vamos brincar separados. Resta torcer para tudo terminar antes de quarta-feira, quando finalmente teremos reunião com o arquiteto e o empreiteiro.

Quanto ao Brasil, sinceramente, não sei. Preciso confessar, embora isso me enfie para sempre no pavilhão dos traidores da pátria, que não só tenho pena, como, de longe, falta-me a esperança de que haja em breve um jeito para essa Pensão da Dona Estela em que o nosso país se transformou, com linguiça e chuchu à vontade para quem quiser comer de graça, isto é, às custas da galinha morta com que a democracia petista nos transtornou, como cantava a americanizada Carmem Miranda. Nem marchinha de carnaval se faz mais como antigamente. Tristeza.

CARNAVAL DE EMOÇÕES

Alan ainda não sabe, mas vai ganhar um cartão de Valentine's que comprei no supermercado sem que ele visse.

Ele merece. Afinal de contas, é o nosso primeiro Valentine's de verdade, nesta terra estranha onde o amor é tão festejado, e quero acreditar que também tão valorizado, que trocam-se cartões não apenas entre os amantes, mas pais com filhos, entre parentes, ou simplesmente entre amigos mesmo, coisa que até hoje eu só tinha visto no cinema; um país no qual, embora a insistência e o tom de falsidade dos anúncios de remédios e seguros de vida sejam bastante irritantes, os pais dos humanos adultos são classificados oficialmente como *"loved ones"* [os amados].

O amor é uma instituição formal, quase tão entranhada na sociedade americana quanto o capitalismo ou a competição — eu ia acrescentar a gratidão, mas acabei na dúvida.

Tem gente que odeia, mas, vamos combinar, descontado o feriado onde buquês de flores em forma de coração, balões em forma de coração e caixas de chocolate em forma de coração fazem a festa dos comerciantes (e se brincar, dos cardiologistas), não há nada de errado em celebrar o amor. E o meu cartão não fugirá ao impositivo figurino da data impactante, muito pelo contrário: virá no modelo clássico, cafonérrimo, fulgurante, com corações vermelhos transbordando purpurinas de seu envelope vermelho também, sendo o vermelho oficialmente nomeado a cor dos apaixonados.

Por que não navegar a favor do pensamento corrente só para variar, não é mesmo? Além do que, vivendo nos Estados Unidos a gente percebe rapidamente por que este país é o paraíso do consumo. Basta se conectar de qualquer maneira com o exterior da sua mente, seja pelo celular, computador, televisão, ou até mesmo uma breve visita ao supermercado conforme a ocasião, para se submeter involuntária e obrigatoriamente a uma lavagem moral que recobre o cérebro consciente, impetuosa e inevitável como qualquer onda emocional que se apresente. Então, que venha o Valentine's.

De todo jeito e maneira, amar, amor, em todo tempo verbal que se conjugue, qualquer conexão profunda com o outro é tudo de bom, alimenta e faz crescer, mesmo que sejam pontinhos cintilantes de carinho quase perdidos em meio às miríades de conflitos que enfrentamos quase todo dia. Afinal de contas, o outro é sempre um universo estranho que devemos enfrentar, caso haja a decisão de se entregar, relaxar, pois no fundo no fundo ninguém é igual, ou somos todos tão iguais que a reação normal é negar-se a reconhecer isso. É sempre chocante o espelho de Psiquê.

Quanto a mim, estou num momento crucial da minha história de amor, um *turning point* que depois de ultrapassado terá determinado se terei liberdade pelo resto da minha vida ou se terei que me conformar com bem menos do que almejei.

Enquanto estou aqui sentada escrevendo a crônica, que, teimosa como de hábito, está se recusando a seguir seu plano previamente traçado, não me sinto inclinada à óbvia piada, à ironia (nesse caso) insossa com o único objetivo de evitar me mostrar em público como uma sonsa amorosa, romântica, agradecida, por breves momentos preciosos até mesmo ainda apaixonada pelo próprio marido — algo que não pega nada bem, porque nenhuma dessas desqualidades de uma persona suave e carinhosa combina com a aridez de uma elevada mente de escritora, no meu caso, pelo menos.

Alan e eu cortamos um dobrado desde que aqui chegamos, e a mais dura de todas as rusgas que enfrentamos, pelo menos para mim, foi a hesitação dele em "peticionar" o meu Green Card, ao qual acredito ter pleno direito, confirmado item por item no detalhado formulário da imigração.

Amigos, sofri. À medida que se aproximava a data fatal — que ainda está longe até, felizmente, mas, como vocês sabem, caso batêssemos (ou viermos a bater, porque o processo ainda não foi enviado) de frente com qualquer grau de má vontade ou funcionário incompetente, como ocorreu, por exemplo, no mal afamado Detran local, meu destino estaria traçado: ou seria a ilegalidade ou a impensável deportação, embora o mais provável nesse caso extremo seria que eu optasse por partir para... Nossa. Nem quero pensar numa resposta para esta pergunta. Talvez para Paris, para me consolar do maior fracasso que jamais teria enfrentado nesta vida, percebam que estou confusa toda vida, não sei se coloco o parágrafo no futuro ou no passado, porque, como nada ainda aconteceu, tudo pode acontecer. E qualquer especulação diferente disso é nada mais do que exatamente isso: especulação.

É estressante, meus amigos, confesso. Já fiz tudo que estava ao meu alcance, inclusive me submeter a um exame médico que, além das obrigatórias vacinas contra gripe e tétano, e de um teste de tuberculose e de sífilis, que caso fossem detectadas seria no mínimo humilhante — por que será que até nas coisas mais improváveis a gente duvida de que seguirá adiante? —incluiu a curiosa confirmação de que "sou mesmo uma menina".

Meio patético, tudo bem, mas a tudo enfrento com disposição e alegria.

Agora, cá entre nós, a coisa que tem me deixado mais calma e quase feliz — porque feliz mesmo, nesta altura dos acontecimentos, com tanta coisa prestes a passar do ponto, seria um tremendo exagero —, é que o Alan, em determinado dia, há coisa de uns 10 dias, acordou mudado, tranquilo, dedicado, e de uma hora para outra começou a colaborar comigo, a tempo, felizmente, de podermos celebrar o Valentine's sem aquele terrível ódio recíproco.

Francamente. É tudo medo. Noventa por cento dos problemas de desencontro ocorrem por causa do medo, é o que tenho entendido. E uma vez que esse limite é ultrapassado e esquecido, o alívio que a gente sente é capaz de mudar um mundo, nosso mundo particular com toda certeza. O que se segue é pura energia criativa.

Quando existe um amor, toda dor vale a pena. Isso, para nem mencionar os inevitáveis momentos prazerosos, a simples satisfação por se sentir amparado, diariamente observado por alguém cuja mera existência ao nosso lado nos dá a maior força.

Recomendo. Enfaticamente.

Desculpem aí se acabei nem mencionando o prometido carnaval, fiquei apenas entregue à emoção viral, mas assim o espírito rebelde da crônica determinou, fazer o quê.

Noga Sklar e seus dois maridos

Como saber se um advogado está mentindo?
A boca dele está se mexendo.
Popular piada americana

Papai adorava advogados. Isto é, adorava pelo menos determinado advogado, o famoso Dr. Raul, a quem considerava
não apenas um conselheiro, mas um dileto amigo. É o único tom
destoante na minha total e definitiva admiração por papai, que
para mim sabia tudo, sabem como é, nunca diminuída nem des-
mascarada porque não houve tempo hábil para isso.

Meu pai morreu num acidente de carro junto com um de
seus mais próximos amigos — o pobre Moisés dizia que "segui-
ria o Abrãozinho até o fim de sua vida", e viajava para o Rio no
banco atrás dele. Foi sua última viagem, como já contei inúmeras vezes em minha carreira de autocronista.

Dr. Raul, dedicado e competente, perdeu uma ação in-
denizatória por motivos até hoje não esclarecidos, visto que o
motorista que em janeiro de 1972 matou Abraão Lubicz, pai de
dois filhos, aos 42 anos de idade, estava bêbado, dirigindo um
caminhão na contramão da BR3. O lado esquerdo do fusca verde ficou destruído. Coisas da vida.

Enquanto se desenrolava o inventário e a família se em-

bolava em chocado estado funerário, todos e quaisquer peque-
ninos conselhos e ações do Dr. Raul, presentes e pregressos, se
revelaram desastrosos, sem a menor exceção. Entre eles, uma
barbeiragem que me afetou ainda mais de perto, pois o filho da
mãe imbecil acabou perdendo o prazo para a minha opção de
nacionalidade antes da maioridade, não me considero disposta
o suficiente para relatar o quanto isso me perturbou por longos
e inseguros anos.

Então, peraí, deixa eu contar, vamos avançar no tempo
uns 36 anos. Estávamos Alan e eu na Polícia Federal no Rio de
Janeiro, providenciando os documentos para o nosso casamento, que tinha menos de 30 dias para se realizar, ou Alan seria
"convidado" a se retirar — pois é, tudo na nossa vida é tenso assim, sendo o marido um procrastinador nato e eu uma complicada de carteirinha —, quando descobri que, sem uma certidão
de nascimento de brasileira, para a qual seria essencial o termo
de opção de nacionalidade deixado abandonado na morte do
meu pai pelo competentíssimo e abalizadíssimo Dr. Raul, não
haveria casamento nenhum, nem a certidão anterior valia nada,
nem o título de eleitor, nem passaporte, identidade, CPF. Nada.

Amigos, me esgoelei. Por conta desse pequeno detalhe
do meu "passado", a cada vez que eu precisava de qualquer documento, ao longo da minha vida inteira, era um terror a ansie-
dade que eu enfrentava. Isso, para nem mencionar as constantes
ameaças da polícia de fronteiras desejando me transformar em
apátrida no meu próprio país, tentando me enfiar goela abaixo
o famigerado passaporte amarelo.

Minha pequena sorte foi que num ano desses aí, como
tudo sempre muda no Brasil, mudou também a lei que me con-
cedia o direito de opção, e o prazo irremediavelmente perdido
aos 18 anos também perdeu sua validade. Eu estava, portanto,
habilitada a requerer a qualquer tempo a nacionalidade, mas
devido à urgência do Alan e aos intrincados meandros da burocracia nacional, iria precisar de um advogado.

Não posso reclamar desse, que, recomendado por um
cliente de meu irmão, foi rápido e eficiente de verdade. Em

menos de dez dias tive que comparecer ao cartório da Ilha do Governador para recolher a minha preciosa Certidão de Nascimento, estourando de nova e de *status* de legalidade. Eu tinha na época 54 anos de idade, recém-nascida para os anais brasileiros, e até uma crônica escrevi para justificar no processo a minha premente necessidade de optar. Foi praticamente a minha estreia no negócio de confessar, e me lembro até hoje do que escrevi, algo que hoje em dia, depois de tantos escândalos e amoralidades perpetrados no território da brasilidade, eu certamente hesitaria um bocado antes de afirmar: "Minha alma é brasileira".[9]

Casamos, Alan e eu. E o que ocorreu entre o nosso casamento e os acontecimentos desta sexta em que escrevo, não preciso contar, já que a minha vida é não apenas um, mas (até o momento) 10 livros abertos para quem os quiser ler.

Acontece que a situação se inverteu, e para que não fosse eu a bola preta da vez, teria que iniciar o pedido de Green Card junto à aterrorizante imigração dos Estados Unidos, processo para o qual é pensamento corrente de que é mister contratar um praticante do Direito. Muito bem.

Alan viajou para visitar nosso filho em Charleston e aproveitei, com a minha já explicada simpatia por tais postulantes, para explorar o assunto na internet. Quando ele voltou, três dias depois, já tinha preenchido todos os detalhados formulários e me decidido por um "voo solo". Mas Alan não se conformou com isso. Vamos combinar que a insegurança dele quanto à falta de um advogado era quase tão grande quanto a minha própria relativa à possibilidade de ter que entregar meu destino a um. E como aqui no país dele é ele quem manda, começamos a assuntar.

A primeira pessoa com quem topamos, uma "paralegal" brasileira super recomendada, e dotada, infelizmente, de um assustador linguajar de analfabeta (eu ia dizer "empregada doméstica", mas me detive a tempo), me disse ao telefone que

---

9 A crônica faz parte do meu primeiro livrinho de crônicas publicado pela KBR, *Um Kindle pra chamar de meu*, gratuito em formato ebook na Amazon do Brasil.

precisaria "de todos os documentos possíveis" (sem especificar quais), e mais, que Alan e eu teríamos que nos casar novamente. Tentei imaginar a surrealista situação frente ao juiz de paz, com toda a necessária comprovação que lhe apraz:

— Nome?

— Noga Lubicz Sklar.

— Nome do noivo?

— Alan Sklar.

— Estranho, vocês dois têm o mesmo nome? E qual é seu estado civil?

— Casada.

— Mas se a senhora já é casada, como pretende se casar novamente?

Como se não me bastasse um Alan Sklar, eu deveria agora me tornar Noga Sklar Sklar, o que, vamos combinar, soava absurdo demais para ser o padrão. E, cá entre nós, uma rápida pesquisa revelou online que os Estados Unidos não somente obviamente aceitam um casamento legal, como o rejeitam apenas no caso de o país onde ele foi celebrado praticar a poligamia, quase o mesmo crime civil para o qual a para-advogada pretendia me aliciar. Não é ainda o caso do Brasil. Ainda não descemos tão baixo na comunidade internacional.

Pois é. Além de mal saber se expressar, a mulher ainda teve a cara de pau de me contar o caso de uma sua cliente que estava "tentando" obter um Green Card... há cinco anos! Para piorar, descobri na internet — incrível internet — que a tal paradoutora havia sido processada há alguns anos pela Justiça americana por casamento fraudulento para fins de imigração. É isso aí.

Ainda falamos com mais uns dois ou três advogados, cada um mais caro que o outro, não vou cansar vocês com os detalhes dessa chateação, que aliás só ocorreu mesmo por causa da insistência do Alan, e até envolveu contra a minha vontade outro amigo nosso de quem agora me sinto devedora, muito sem graça por não ter aceitado a sua própria doutora, fazer o quê.

Só vou resumir, a título de ilustração, que no ramo da "imigratoriedade" nos Estados Unidos grassa a picaretagem por todos os lados. Tem até gente vendendo formulários que são baixados de graça no site da própria imigração — mas que país é este! — e sites que cobram para preenchê-los com um nome de domínio tão enganador que, se você não prestar a maior atenção, acaba pensando que está lidando com o próprio governo... e se você só descobrir depois de passar o cartão, será tarde demais. Desses escapei por um triz — de pagar, mas não de preencher o cadastro, e de agora ter que lidar com a insistência de que vou "perder o prazo dos meus formulários incompletos", por e-mail, por telefone, é assédio de tudo quanto é lado. Do jeito que a coisa vai, já estou quase contratando um advogado para defender os meus direitos de consumidora, pois é, vivendo e aprendendo.

Resta lembrar que vivendo aqui nos Estados Unidos não deverá ir muito longe minha ojeriza à ajuda de advogados, porque são parte integrante do *modus operandi* local, escapar, quem há de. Felizmente, muito em breve, teremos na família um advogado brilhante, excelente escritor ainda por cima, sortuda, eu.

Depois de ter postado o meu processo esta manhã, assinado, selado e registrado, me confesso aliviada: completou-se o meu ciclo de uma vida inteira atribulada por dificuldades de nacionalidade, ou pelo menos assim espero.

Dubium lex, sed lex. E um bom domingo procês.

DOCE DELEITE ACULTURADO

— Alô! É da Editora KBR?
— Isso!
— Eu queria informações sobre um livro, não estou encontrando para comprar.
— Você quer ebook ou impresso?
— Eu quero O LIVRO.

Bingo. A partir do mês que vem, a KBR terá os 165 (e aumentando, felizmente) livros de seu catálogo à venda em versão impressa no país, pois é, ebook no Brasil não é considerado "livro". Isso, para nem mencionar as dificuldades que a cultura enfrenta por aí, concomitantes às dificuldades do pequeno empresário de cultura no país — um verdadeiro herói, cuja vida diária nada tem de "brincadeira", como quer jocosamente o odiento ministro da Economia do governo Dilma, o mesmo que um dia antes houve por bem cortar também as (já parcas) verbas do Ministério da Cultura.

Definitivamente, o Brasil do PT odeia o Brasil, mas este não é o assunto desta crônica, embora seja um tema que forçosamente se imponha. Vamos falar de como esse empresário e sua literatura — digo, esta empresária e sua literatura —, ambos tão sofridos, emergem do desafortunado caldo da nossa descultura.

Vocês talvez não saibam, mas a modéstia à parte ousadíssima KBR (ousada, melhor esclarecer, por sobreviver num ambiente em que apenas seu desejo de crescer a tem alimentado, ou, por outro lado, a necessidade de alimentar àqueles que a têm procurado) tem mantido, firme e silenciosamente, um "modelo de negócios" que até hoje não foi materializado, haja persistência, mas promete sê-lo em breve. Estou falando da "dobradinha" ebook/ POD que o Alan "inventou" há coisa de uns 3 ou 4 anos, já prevendo o fracasso do livro digital num país onde quase ninguém lê, quando no Brasil ninguém sabia pelo que respondia a sigla "POD" — Print on Demand. E ninguém sabe até hoje, vamos combinar, mas todo mundo deverá descobrir em breve.

Fico imaginando as dificuldades do pequeno editor, tendo que lidar com metadados, códigos BISAC, essas coisas internacionais que o Brasil faz de tudo para manter lá no lugar delas, bem longe (eu ia dizer "daqui", mas não estou mais aí) de seus próprios rituais. Mas este tampouco é o assunto desta crônica, então vamos a ele.

Para colocar a KBR nos trilhos desta modernidade que já percorremos há algum tempo, e cuja contemporaneidade foi recentemente até motivo de falência e fracasso de uma empresa aí... bem, aqui vou ter que fazer um parêntese.

(A tal empresa que faliu e fracassou, vou contar pra vocês, certa vez me convidou a falar num auditório para alguns de seus funcionários sobre o ebook, esta louca aventura. Mesmo sabendo que dominava o assunto, fiquei muito nervosa, e quando lá cheguei, não deu outra: estavam todos previamente convencidos desta verdade, digo, do ridículo desta nossa pretensão à modernidade, e meus patéticos esforços para provar o contrário foram ridicularizados por um sujeito que, imaginem, hoje em dia foi ele mesmo humilhado, afastado, destituído e seu castelo encerrado, nem vale a pena recordar, mas não consigo evitar, fecha o parêntese. Saiu tão longo que até esqueci o que iria escrever.)

Nada como o tempo para nos animar; para vencer, basta deixar o tempo passar, não é mesmo? E é isso mesmo que quero compartilhar: a minha satisfação quanto à minha produção por todo este tempo em que estive ativa no ramo editorial.

Explico: para preparar todos os livros para a distribuição sob demanda e disponibilizá-los para a Amazon brasileira — o que, finalmente, assim esperamos, completará nosso "modelo ideal" mencionado acima —, foi preciso revisitá-los um a um, e durante a empreitada fui me lembrando de cada um, de cada autor com quem convivi intimamente nessa jornada meio demente.

Lembrei-me até mesmo daqueles que não ficaram, dos que se recusaram a interagir com a minha personalidade exigente, para não dizer "difícil", como aquele escritor que qualificava de "perfeito" um trabalho que fui obrigada a decepar pela metade, ou não poderia publicá-lo, e que moveu uma ação contra mim para ter seu original devolvido, me obrigando a contratar um advogado para me defender do que eu já queria fazer espontaneamente, isto é, devolver a qualquer preço, me livrar de uma vez daquele abacaxi; ou aquela autora que julgou que sozinha faria por si mesma um trabalho melhor, ou ainda aquele outro de quem tanto gostei, com quem até hoje mantenho um bom relacionamento, e que decidiu me abandonar em favor de uma editora mais importante, criticar, quem poderia? Até eu me abandonaria!

O curioso é que cada um deles, entre eles até mesmo o afortunado contratado pela grande editora capitalista, estaria bem melhor se estivesse comigo, pois meus livros não só aparecem mais, como contam com a minha insistente dedicação, como a presente revitalização de tantos títulos bastante antigos. Cada livro foi para mim um dileto amigo, uns, é claro, menos amigáveis que outros, mas a todos me entreguei com devoção.

Também eu, e pude ver isso com clareza, aprendi um bocado sobre o meu próprio ofício, que eu nem sabia tão meu até bem pouco tempo atrás, depois de uma vida inteira sem perceber o que realmente me apraz. Na KBR, eu me encontrei, e me esbaldei, e sou grata por isso. Agora, ao ser revitalizado, cada livro foi atualizado, falhas foram percebidas e alteradas, uma revisão "histórica" a que, tenho certeza, poucos profissionais se dão o direito.

De tantos livros publicados, hoje vou mencionar só um, pelo simples motivo de ser o mais recente, o mais jovem da lista, e que por isso chega ao mercado "empacotado" com todo o meu conhecimento recente, da capa ao texto. Bem, o motivo não é só este, vou ter que confessar, mas antes uma coisinha ou duas: de tudo que publiquei, textos de todos os tipos, acadêmicos, literários, e as indefectíveis memórias pessoais, os que mais me agradaram e que um dia terão seu lugar junto ao raro público leitor são aqueles em que os autores se aprofundaram, nos quais abordaram temas que lhes são caros, nada a ver com "receitas de sucesso batidas no liquidificador" como há tantas por aí. Não deem ouvidos a esse canto de série, seria, ops, canto de sereia.

Voltando ao tal livro, *Israel do Brasil*, há ainda um outro motivo: o texto, variado e extenso, fartamente ilustrado, aborda um período básico e gente muito básica na minha vida, com quem convivi na minha infância e adolescência em Belo Horizonte, e foi um "fechamento" de muitas coisas para mim, verdade, já estou "por *default*" nesse período de "balanceamento", deve ser a idade, sei lá. O certo é que tendo sido escrito como um mergulho bem fundo dentro da própria alma, o livro de memórias de Israel Kuperman — que por sinal nada tem de sofisticado ou altamente literário, muito pelo contrário, é nada mais, nada menos, que uma deliciosa sucessão de "causos" bem contados — me surpreendeu. E cada leitor que por ele se aventurar verá lá retratado não somente um descendente de imigrantes bem-sucedido e maltratado, outro heroico empresário desta selva chamada Brasil, como também um retrato fiel daquilo que resultou neste nosso Brasil mais recente, que ao longo de vários fracassos contundentes acabou forjando sua persona terceiro-mundista — que conceito mais elitista, vamos deplorar.

Esta, claro, é a minha visão. A visão do autor oscila entre bem-humorados comentários no Facebook, onde é mister o bom humor para granjear amigos ou coisa parecida — "O Brasil é assim mesmo, tropeça e atropela, mas nunca acaba" — e sua própria conclusão, um pouco amargurada, sobre o nosso estilo de administrar, meu não, me contem fora dessa: "Hoje em dia, como falei, ando meio cansado, pois para tudo tem uma interrogação, e os gestores públicos mudam as regras de acordo com as circunstâncias. Isso provoca um transtorno, principalmente no caso de um hotel, um empreendimento que dura cem anos — você não faz para um dia, nem para uma Copa". Pois é, todos sabemos de que circunstâncias o Israel está falando.

Mas não vamos nos apegar a isso, ao nosso infortúnio, ao nosso vício, tão exatamente detectado por Nelson Rodrigues com seu bem sacado "complexo de vira-lata". Vamos, ao contrário, enfocar as vitórias, as mais prazerosas memórias, a riqueza cultural inerente à "tribo" que Israel generosamente compartilha, nelas incluída sua única e muito exclusiva receita de sucesso: trabalho honesto e capital próprio. Até parece piada num Brasil onde já não existe respeito a nada, uma sociedade desmoralizada, mas é a pura verdade: é esta a receita de negócios e de vida de *Seu* Israel, que foi engenheiro, foi juiz e hoteleiro e terminou fazendeiro, tudo narrado e para sempre preservado num delicioso sotaque mineiro, trem bão demais da conta, sô.

Valeu mesmo, Israel.

MUITA AREIA

Confesso que baqueei esta manhã quando percebi que já era sexta-feira. *De novo?*

Alan levantou-se muito bem-disposto, tomou uma ducha, voltou carinhoso. Fazia sol lá fora, um evento bastante raro nos últimos tempos. Enquanto tomava café e editava a crônica do dia no blog da KBR, um périplo corajoso de Vânia Gomes pelas íntimas misérias da nossa Corte inabalável — misérias nossas, não "deles", claro —, percebi que não estava com vontade nem tinha incentivo para escrever. Além da falta que me faz a impositiva beleza da saudosa Maria Comprida do outro lado do Vale, o mundo está numa merda de fazer gosto, vamos combinar. Mais ainda quando a gente se sente no "centro que decide".

Durou pouco. Digo, a falta de desejo de escrever. Quando me sento, como sempre a musa rola, mesmo que de musa hoje em dia tenha muito pouco. Ainda na cama, Alan e eu comentamos o seriado a que assistimos ontem à noite, "Band of Brothers", sobre a verdadeira miséria mundial na Segunda Guerra, embora, claro, Alan preveja há dez anos uma miséria ainda maior num suposto embate com o espírito de fera iraniano, coisa de que sempre duvidei.

— Nossa, ainda bem que não temos que enfrentar uma guerra como essa.

— Enfrentaremos uma pior.

— Mas na Europa era muito mais grave do que o caos de hoje em dia no Oriente Médio.

— Desta vez vai ser em Nova York mesmo.

Tá bem. Ele exagera, eu acho, com sua mania de "estar uns dez anos à frente da realidade", mesmo que muito de sua precocidade realmente acabe acontecendo — como o fato de termos usufruído bons dez anos de Brasil e agora estarmos a salvo do caos econômico, por exemplo. Sem mencionar, é claro, que quem quis deixar o país fui eu, ele lá, com permanente saudade dos filhos, mas bem apegado ao espírito da "nossa" montanha.

Ok. Não está nada bem. Com tanta divulgação de tudo o que acontece, o que inclui com ampla benesse vagas ideias ainda em curso e acordos inacabados — haja notícia para a voracidade ao vídeo 24 x 7 —, o mundo se tornou um imenso teatro, onde tudo que deveria ser transparente acaba sendo encenado "para a arquibancada", e a gente nunca sabe o que ocorre realmente.

Há no ar uma vasta campanha de desinformação, uma aguerrida confrontação de opiniões. Aqui nos Estados Unidos, a "cena" da semana foi o drástico discurso de Bibi Netanyahu, primeiro ministro de Israel, que como parte da nossa comunidade do coração nos toca fundo, causa um impacto significativo. Tenho Netanyahu, devo confessar, na conta do mais hábil político vivo no mundo. O sujeito é uma águia, olhos de laser e asas de rapina dando sombra (e cuca fresca) aos judeus de todo o mundo, que por conta da (nada) frágil insistência do Estado de Israel em continuar existindo nos permite viver sem ir para lá, uma terra onde o bicho come sem ter para onde correr.

Não quero falar de Netanyahu nem de seu posicionamento contra o Irã. Concordo com alguns pontos e discordo de outros, certamente partilhando a forte impressão de que não se pode colocar um prazo para qualquer acordo ao final do qual qualquer mudança de atitude não inclua obrigatoriamente um profundo exame de comportamento e intenções, ufa, francamente. Dez anos passam num piscar de olhos da história, quase tão rápido quanto a chegada da próxima sexta-feira, e a automática suspensão de controle ao termo desse prazo seria um suicídio nuclear, algo como liberar um facínora da cadeia antes do tempo regulamentar, conceder-lhe a liberdade condicional sem o acurado interrogatório de uma comissão abalizada — mas que mesmo assim pode falhar, e costuma falhar mesmo.

O que me irritou de verdade em todo esse episódio — já que ver o político israelense aplaudido de pé tantas vezes chegou a ser um discreto deleite, mesmo sabendo que se tratava de uma carta marcada para definir a hegemonia republicana na casa parlamentar americana — foi o espaço nobre concedido pelo vetusto *New York Times* — vetusto no segundo significado do dicionário, isto é, "deteriorado pelo tempo" — ao embaixador do Irã, que quase ouso definir como o "embaixador de Satã", tá bem, peguei pesado. Lembrou-me um dos precoces sinais de "fraqueza moral" exibido pela "democracia" do jornal, quando deram espaço de opinião ao igualmente desprezível Muammar Khadafi, o falecido terror da Líbia, nem acreditei.

Pode até ser que eu esteja alcançando aquele ponto na vida em que se pode dizer que "um jovem que não é de esquerda não tem coração, e um adulto maduro que não é de direita não tem cérebro", não sei. O que sei é que esta disposição atual de dar voz a todas as vozes, sem distinção, é como botar lenha na fogueira da amoralidade que tem se alastrado pela modernidade, um sintoma detectado até mesmo nas escolas primárias americanas, por exemplo. Já não se ensina às crianças que existe um "padrão moral" e que nem tudo é permitido, porque "não pega nada bem".

Mal comparando, é como dar a seu filho pequeno um incentivo para enfiar o dedo molhado na tomada e "aprender pelo choque", estão me entendendo? O sério problema é que com um choque desses podemos terminar dizimados, estou exagerando, eu sei, mas seria um belo gesto de "adeus à nossa humanidade", e não estou me referindo a um "comportamento tipicamente humano", mas à extinção física da espécie humana, aniquilamento de verdade. E da verdade também, claro.

O que podemos concluir é que não existe uma verdade, e hoje em dia mais do que nunca cada um pratica a sua própria versão de atualidade. O que nos coloca, vamos definir, num "estado esquizofrênico de realidade". Ninguém sabe de verdade o que virá a seguir, ou o que está se desenrolando nos bastidores das veleidades, dos exageros do poder, algo que Netanyahu quase nos entregou — em outras palavras, ameaçou nos entregar caso sua agenda seja contrariada — quando mencionou "acordos secretos" entre ele e Obama que não podem ser divulgados, mas que ele, Netanyahu, sabe que foram acordados.

Tomara que seja algo mais que uma ameaça velada, porque se tem uma coisa que me deixa realmente passada é o fato de ter apostado tantas fichas na excepcionalidade de Obama para terminar nessa mediocridade toda, uma pretensa ingenuidade disfarçada de diplomacia excepcional, para efeito político (inter)nacional.

Por falar nisso, Alan me disse ontem, todo triunfante, que o chefe da comissão que concedeu a Obama o Nobel da Paz foi demitido, imaginem, o primeiro caso de demissão nessa comissão, aparentemente motivado por ter se enganado redondamente ao laurear Obama precocemente. Na porta de saída o sujeito ainda declarou que "seria realmente legal se o Presidente Barack Obama devolvesse o prêmio", que que é isso, minha gente!

Pois é. Pouco espaço me sobrou para a preocupação que tem me causado o caos administrativo no Brasil, de onde ainda retiro o meu pão de cada dia, como todo mundo sabe a cada dia mais caro, ainda pior se for pago no caixa em moeda estrangeira como é o meu caso. Embora seja crucial para a minha sobrevivência física e moral, uma das consequências diretas deste nosso governo anormal é que o Brasil a cada dia se distancia mais da cena política mundial, da qual, imaginem, um dia, e não faz tanto tempo assim, quase se tornou peça fundamental, uma tristeza.

É muita areia na cara tentando encobrir nossa clara visão, vamos combinar, um deserto de boas intenções e oásis nenhum à vista. Como diria o velho Rubem Braga, é mesmo de amargar.

Copo meio cheio

Por motivos óbvios, não vou comparecer à manifestação deste domingo.

Devo confessar: mesmo se pudesse, não iria. Tenho pavor de aglomeração e abomino a simples perspectiva de violência. Acho bonito quem se expõe, mas cá do meu lado, minha arma é a palavra, e dela tenho feito uso sem medo nem parcimônia, com uma segurança e um relaxamento que só a distância proporciona. Sofro de uma mistura de trauma e nostalgia relativos à ditadura militar, um mal geracional, vamos combinar. Poderia como tantos outros ter exercido o meu não-direito de me manifestar, mas tampouco o fiz. Na época, era uma boa menina, digo, uma menina medrosa demais da conta. Nunca gostei de correr riscos e o perigo não me excita.

Do lado de cá do Equador — Lula diria "do Atlântico", mas, cá entre nós, depois que declarou publicamente seu apoio a baderneiros e candidatos a terroristas, não acho mais graça em citar sua patética ignorância — vejo com dor e preocupação a trajetória do Brasil rumo ao precipício, sem que haja muito a fazer. Parte da solução, a meu ver, consiste em atingir o fundo do poço em época não definida no futuro, espero que próxima e que não nos custe ainda muito mais. E, francamente, embora até o momento me incline a opor-me a ideias de impeachment, não vejo como Dilma poderia se desenredar deste atoleiro em que se encontra metida. Dá até pena.

Um dos motivos para isso é que a presidente não professa uma posição. Talvez vislumbre em sua confusão, sem que ninguém a ouça, algum leve traço de correção de rumo nas instituições, mas na vida real mantém-se como um cão domado, atrelada à coleira de Lula, um ícone do arcaísmo, além de arauto da ignorância e do atraso moral, manifesto animador do caos público e outras características apenas adivinhadas, como, por exemplo, a função de chefe de gangue em camuflada atividade, incluindo a violência urbana. Só falta recrutar crianças e vender heroína. Se um dia tivesse votado nele, hoje eu diria: "Que decepção!"

Não imagino, por exemplo, a justificação moral de pessoas que ao mesmo tempo defendem a Petrobras e o governo que a destruiu, um paradoxo política e moralmente inexplicável, indefensável. Há os que dizem, nostálgicos e penitentes petistas de primeira hora, pelos quais cultivo uma dó sincera — ok, eu sei, seria um dó que em meu desafinado peito não rola, "um erro que ocorre porque associo, erradamente, a palavra dó às palavras pena, piedade, compaixão, lástima", conforme explicação na internet —, que é fácil entender, já que a "Petrobras é do Brasil", pobre Brasil reduzido a um amontoado sem fim de escândalos e escombros administrativos, mera sombra do gigante pujante que logrou ser por parcos segundos no relógio da História nacional.

Mesmo na minha história pessoal, foram poucos os anos em que pude atuar sem a carga pesada de uma horrorosa inflação a me descompensar, para não mencionar as garras da burocracia sempre tentando me estrangular. Minha trajetória profissional, como todos sabem, é uma impressionante coletânea de bem-sucedidos fracassos, ao cabo dos quais a depressão de tantos achaques contra a livre iniciativa — a palavra-chave de todas as carreiras que professei na vida se manteve inalterada: "impossível" — me encontrava sempre no ponto mais baixo da trajetória do *Bungee Jump* empresarial, pronta a me reinventar, à beira de um zero total do qual tentaria recomeçar.

Hoje, do lado de cá, custa-me entender que consegui escapar. Mesmo atrelada à coleira eletrônica do amor nacional, da insistente dedicação à aventura empresarial, estou a salvo das loucas flutuações da corrupta predestinação da economia. Sofro escandalizada com a alta do dólar que, dia após dia, como num infame passado antes enterrado, segue inviabilizando a sobrevivência doméstica, eternizando a insegura sensação de um pulo de costas no escuro sem nenhuma rede de proteção — eis meu retrato de uma vida no Brasil — enquanto, ao mesmo tempo, começo a trançar os primeiros fios de uma nova trama tecida no exílio, onde, ainda traumatizada, não consigo confiar em nada nem em ninguém.

Mas enquanto o lado brasileiro tropeça (de novo!) e hesita, e o governo tripudia, devorando a esperança de quem poderia, mas acaba desistindo de investir na bem-aventurança (eu diria "mudança", mas o termo tem andado em bocas de matilde, muito abastardado), o lado estrangeiro aventureiro impávido prossegue. E ao mesmo tempo em que o provento cotidiano sangra, o patrimônio, salvado a tempo da iminente derrocada, se multiplica no banco pela inércia do câmbio — sortuda, eu. Na atual conjuntura melhor esclarecer, patrimônio honesto, remessa oficial sob as bênçãos da regulação para um oásis de estabilidade onde a regra fiscal é lei, alívio, não exceção.

É a tal Gestalt do copo meio cheio, em disputa com o copo meio vazio — uma dança frenética do fundo com sua figura.

Paz na terra nunca mais

Imaginem que noutro dia mesmo eu estava lendo um artigo que descrevia o desejo de paz no mundo como uma iludida, indesculpável passividade. Segundo o autor, a única solução atual para os problemas da humanidade é a desbragada combatividade, sem a qual seríamos todos ovelhas no pastoreio condenados a abrir mão de nossa identidade.

Pois agora que o momento passou, e que as minhas poderosas palavras já não podem conduzir os destinos do mundo nem matar ninguém, ainda bem, já posso confessar para vocês: sou incorrigível, reconheço, continuo me deixando enganar pela simpatia, por um rosto bonitinho e pelas melhores intenções, é isso aí; "votei" em Isaac Herzog nessas últimas elcições israelenses. Lesse português e o Alan me mataria (não perco por esperar, já que agora tenho uma tradutora para me interpretar), despejaria sobre mim os dardos de sua vidência com sua melhor pontaria e impertinência:

— Eu avisei.

Agora vou ter que dizer que tenho outra confissão a fazer, esta muito pior, muito mais deprimente. Já não odeio o Hannity da Fox (News) como antigamente, ando até prometendo a mim mesma parar com aquele meu trocadilho infame e sem graça, "Heinity" — melhor explicar de uma vez, *heinous* + Hannity, sendo *heinous* "odioso", "abominável" em inglês. De qualquer maneira, Alan cansou de me alertar, de me explicar com toda a impaciência que lhe apraz que não estou apta a fazer piadas em sua língua e que meus trocadilhos locais não funcionam de jeito nenhum. Como viver num país onde sou incapaz de avacalhar o dia a dia para conseguir sobreviver?

Ah, Hannity. Pois é. Um terror. Ando até acreditando nas coisas horríveis que o homem diz e nas opiniões radicais que professa em público sem nenhum pudor. Imaginem.

Alan segue muito à vontade derrubando alguns de meus ídolos e decepando outros pela metade. Segundo ele, como vocês sabem, somos eu e meu verbo incauto os desprezíveis responsáveis pela praga que hoje assola os Estados Unidos, isso, devido à minha calorosa campanha de 2008 em favor de Obama, lá se vão quase 7 anos, durante os quais, vamos combinar, não aprendi nada, pois intimamente continuo a insistir na minha cegueira política intercontinental.

Não consigo acreditar no que meus olhos veem e meus ouvidos escutam. Obama vem fazendo de tudo para se transformar no líder absoluto de uma democracia estilo terceiro mundo, com suas propostas de voto obrigatório, por exemplo. Isso mesmo. Seguindo o mesmo modelo adotado no Brasil — em cujos rincões distantes, como todo mundo sabe, ainda se pratica a velha rotina do voto comprado —, mas convenientemente adaptado ao capitalismo mais selvagem, o inepto presidente do mundo anunciou na Austrália esta semana sua intenção de multar quem não votar em absurdos US$20, pois é, no Brasil a multa é só R$5. Ou era, antes da recrudescida inflação, de obsoleta e deplorável reimplantação no país.

E não é só isso. Obama segue firme em sua política — ops, "diplomacia" — de se alinhar aos piores tiranos que ainda sobram no mundo, como os iranianos, por exemplo, descontado o bom cinema uma das nações mais perigosas da atualidade: não se enganem, eles não gostam de liberdade. Pior ainda, depois que o insolente Bibi, imaginem, fez pouco do chefe na sala de visitas de sua própria casa, Obama vem ameaçando (por cima da mesa, mesmo) retirar seu apoio secular a Israel, uma das poucas nações-símbolo da democracia e modernidade.

Quem será o vilão nessa história mal-ajambrada, e por que não dizer, mancomunada?

A verdade parece óbvia, mas, incorrigível, reluto em aceitá-la. No fundo no fundo, acho que tem alguma coisa errada, não consigo acreditar que o doce, charmoso, carismático, bem-vestido e nobelizado Obama não é nada disso que mostra para a arquibancada. Que trapalhada!

Eu já devia ter desconfiado, quando ainda em campanha, com todo aquele corretismo novaerista bem-comportado, Obama, imaginem, confessou que fumava. Que horror! Cigarros comerciais, claro, mas com o andar da carruagem e o neo-poderoso lobby da maconha nos Estados Unidos, não vai demorar a confessar que fuma muito mais, nem que seja pelo bem da mais nova potência econômica de seu reinado.

Ok. Pouco ou nada disso interessa ao meu leitor habitual, que sendo partidário de um regionalismo umbilical, presta pouca atenção às misérias do mundo, já lhe bastam as suas próprias. Mas devido às minhas mais íntimas instâncias e ao meu circunstancial casamento, meu mundo cotidiano agora inclui tudo isso que está aí, das cozinhas brancas do Brasil onde cresci ao quintal conflagrado do Oriente Médio onde nasci, suportar, quem há de?

O mundo inteiro está de pernas para o ar, meus amigos, e não é só com os absurdos do Brasil que temos de lidar, embora tenhamos em comum com a miséria global a insistência da grande imprensa em nos "educar" o paladar. Tanto o *Globo* quanto o *New York Times* advogam total isenção ao conceder espaços de expressão para as piores vozes da atualidade, que, obviamente, e com todo esse apoio de primeira categoria, avançam em seu nobre objetivo de influenciar milhões, os angariando em causa própria. O terror.

Mas vamos combinar que mesmo as vozes mais bacanas, aquelas que ainda leio com a mente alerta e algum respeito, têm tropeçado em suas ideias paradoxais, e uma vez disparada a artilharia conceitual, a bala não volta mais. Esta semana, por exemplo, em que no mundo que conta findou-se o inverno, Thomas Friedman confessou em sua coluna no *New York Times* sua iludida inépcia ao festejar cedo demais aquela outra primavera primordial, que quatro anos passados, ao contrário do que ele preconizou, acabou resultando não na liberdade de expressão, mas em muito mais mortes nos países árabes. Foi a besta que acabou beneficiada, não o pobre cidadão engajado, bem-intencionado, sempre vilipendiado.

Ok. Bem sei que as minhas palavras nesta crônica estão distorcidas, camufladas, enevoadas, mas não se incomodem, não é por causa de nenhum baseado que andei fumando, mas sim porque me custa engolir em seco minhas próprias furadas previsões, um bom-mocismo sem solução que não basta para nenhuma explicação. *Shame on me*. O mundo anda mesmo difícil de digerir, e de interpretar também. Só nos resta pular miudinho.

Egotrip sem retorno

Sinceramente, não estou gostando nada disso, tenho que confessar que estou muito incomodada.

Desde a trágica queda do Airbus da Germanwings [em tradução livre, asas alemãs] nos Alpes Franceses, na última terça-feira, a cada vez que visito um site qualquer ou ligo o noticiário para conferir qualquer coisa, um espinho afiado fica me espetando a consciência.

Vocês provavelmente não sabem, e eu faria melhor em não chamar a atenção para o fato, mas o maldito copiloto Andreas Lubitz é quase meu homônimo, já que sou Lubicz de solteira, um nome raro e quase desconhecido... até a última terça-feira. Fico só imaginando o que sentem diariamente no Brasil os milhões de Silvas, já que os Rousseff e os Foster devem ser ainda em menor número que os reduzidos Lubicz.

Bons tempos aqueles em que eu alegava um hipotético parentesco com meu tio Ernst, o diretor de cinema do qual me orgulho mesmo sem ter qualquer proximidade com ele a não ser a igualdade fonética do nosso sobrenome — Lubitsch, no caso dele. O que, imaginem, por extensão faria também do pobre tio Ernesto um parente *post-mortem* do desprezível criminoso alemão. Nome diferente dá nisso, tem seus prós e seus contras.

Não sei nada sobre o desgraçado do Andreas, a não ser que é, era, um piloto alemão de 27 anos, descrito a princípio como perfeitamente capaz e apto ao seu ofício, mas logo em seguida como um desequilibrado, tendo sido afastado de suas funções em 2009 por depressão. Cá entre nós, o sujeito podia ser meu primo, um primo que eu desconhecesse (ou que, se conhecesse, negaria de pés juntos e ocultaria do mundo) mas que, como eu, fosse o resultado atualizado de uma dessas infelicidades de um exílio forçado, pela perseguição ou pela miséria, cujos ancestrais teriam vindo de Lodz ou outra cidadezinha da Polônia que já nem consta do mapa, ou, se consta, mudou de nação e de nacionalidade. E lá iria por água abaixo toda a minha alegada honestidade incorruptível, minha adorada racionalidade, meu incensado equilíbrio mental. E nesse tempo de caça às bruxas não se pode brincar com nada isso. De verdade.

Vejamos a questão do dinheiro, por exemplo. Embora meu patrimônio seja parco e modestamente acumulado, na maior parte provindo de herança — já que escritor, como todo mundo sabe, corta um dobrado — andei tomando em público as dores dos denunciados do SwissLeaks (de alguns denunciados, digo, como o comunista Jorge Amado). Afinal de contas, ter dinheiro no exterior não constitui crime listado no Código Penal brasileiro nem infração legal, desde que regularmente comunicado à Receita Federal; é o típico caso de joio e trigo misturados, e afetando muita gente boa que não fez nada de errado.

Por falar em comunismo, até andei comparando as vítimas dessa nova modalidade de assédio moral às do macarthismo, de vergonhosa memória, mas Alan vem de lá com sua cultura enciclopédica para me derrubar. Segundo documentário que ele assistiu recentemente, todas as celebridades hollywoodianas acusados de comunismo pelo senador justiceiro eram comunistas mesmo, e, imaginem, pretendiam mesmo, em nome de uma espúria fidelidade ao partidão (não custa lembrar que Stálin a todos enganou), derrubar a democracia capitalista dos Estados Unidos e sua criminosa preferência pelo dinheiro, pela livre iniciativa, digo. E provavelmente planejavam fazê-lo, mui espertamente, através dos roteiros de filmes que cativavam a gente.

O que não ficou exatamente esclarecido é se haveria mesmo crime em professar determinada ideologia política, ideologia fracassada, por sinal, um *faux pas* conceitual que o próprio caminhar social se encarregou de eliminar.

Mas voltando ao copiloto Lubitz, quem, senão um desequilibrado mental, poderia em (sã?) consciência matar a si mesmo e levar junto consigo outros 150 infelizes numa maldosa queda silenciosa de longos 10 minutos, entre eles várias crianças e alguns bebês de colo?

Quem, em (sã?) consciência, poderia destruir silenciosa e intencionalmente um país gigantesco e incontáveis reputações, só para acumular uns trocados e alimentar uma fantasia de poder? Bem, admito, trocados é bondade minha.

O caso é que no confuso mundo de hoje muitos conceitos andam sendo misturados, não se tem certeza de mais nada. Hoje mesmo, imaginem, enquanto escrevo esta crônica, gente que sabe das coisas vem afirmando que o ataque da Arábia Saudita ao Iêmen, ou em defesa do Iêmen, sei lá, contra rebeldes patrocinados pelo Irã, vem sendo orquestrado pelos Estados Unidos, que noutra mesa ali perto mesmo estão costurando um perigoso acordo com o Irã.

Coisa demais para entender.

Quem vem fazendo a festa e auferindo o maior lucro com todas essas situações agoniantes é, como sempre, a imprensa, que se, por um lado, tem um papel crucial na liberdade de expressão, por outro tem levado essa mesma liberdade a extremos tais que se propõe inadvertidamente a reforçar as ideias de criminosos radicais, como já comentei.

E o que dizer da ficção pós-Hollywood? Não sei se posso usar esse termo, tudo bem, visto que os produtores ainda estão em Los Angeles preferencialmente, mas as séries na internet vêm substituindo o cinema ultimamente. Hoje em dia fica quase impossível entender se a realidade as inspira ou é inspirada por elas.

No fim de semana passado, por exemplo, Alan e eu ficamos grudados na televisão — os autores dessas novas séries são tão competentes que sabem como se impor e nos viciar instantaneamente —, não conseguimos ir dormir até que assistimos os 13 episódios de "State of Affairs", uma exaustiva maratona de lazer.

O ambiente do seriado é incomodamente próximo à atualidade americana: a presidente dos Estados Unidos é negra e mulher, e a agente de elite da CIA é uma super Katherine Heigl que oscila entre pérolas, um figurino *fashion*, cabelos enrolados num coque sofisticado, e um cabelo amontoado, jeans sujos e metralhadora em punho, mas nenhum desses estudados truques de merchandising me afetou na verdade.

O que me incomodou e me angustiou profundamente foi o tema central do seriado, onde o serviço secreto é repetidamente frustrado em seus esforços de desbaratar uma rede terrorista islamista (quase-redundância) implantada em solo americano e praticamente invisível, por se ocultar sob a pele de cordeiro de jovens universitários americanos, mais grave, gente normal, como os nossos filhos e netos, firmemente convencida de estar fazendo parte de um grupo idealista e engajado até o pescoço no *Weltverbesserung* — "melhoramento do mundo".

Num dos episódios mais pungentes, lá pela metade do 13º, uma doce menina loura com olhar e cabelos de anjo traz uma bomba em sua mochila e, ao dispará-la com um controle remoto superdiscreto e de design avançadíssimo, dá um angelical sorriso e se explode enquanto pronuncia uma palavra de ordem qualquer, sua "prece" jihadista. Só de pensar que uma cena similar pode perfeitamente ter ocorrido no *cockpit* trancado do avião derrubado me provoca um arrepio gelado.

E ainda não é o pior, podem acreditar, porque tudo sempre pode piorar como tem sido provado recentemente. No decorrer das investigações é demonstrado que a tal rede terrorista na verdade não existia. Com todas aquelas vítimas fatais e a aterrorizante impressão de que a segurança não existe mais, tratava-se, simplesmente, de uma "ficção" inventada por uma empresa privada de segurança, que tinha por único objetivo amealhar uns trocados (bem, admito, trocados é bondade minha), para não mencionar sua louca fantasia de manipular o poder nos Estados Unidos.

A ascensão (e queda) de Andreas Lubitz qualquer dia desses vai virar filme, podem esperar.

Cantar pra subir

Eu estava à cata de inspiração, vou logo confessando, quando me deparei com um texto maravilhoso de David Brooks sobre o profundo significado de Pessach, a Páscoa judaica, ainda mais profundo do que o sentimento e desejo de liberdade, que é a capacidade de vencer o medo, segundo ele, através de "beijos, conversa e cantoria", em tradução livre.

Sou fã de David Brooks, o colunista do *New York Times*, outra confissão, sou até meio apaixonada por ele. Outro dia ele disse na TV que era divorciado, solitário, e estava à cata de uma companheira, tentação! Alan que se cuide! Mas só depois do Green Card concedido, é claro. Afinal de contas, como todo mundo sabe, é o único motivo pelo qual suporto meu marido americano há mais de dez anos, planejamento em longo prazo, sabem como é. Pronto! Falei!

De uma certa maneira, esse Green Card quase a caminho vai representar para mim um degrau de liberdade a mais, não me pergunte qual, talvez a liberdade de optar por ficar cá ou lá ao sabor das loucuras políticas e financeiras de cada nação, temperadas de decisões na contramão. Assim que eu descobrir, eu conto.

Se tem uma coisa que é muito bacana aqui nos EUA é a ideia de uma sociedade pluralista. No outro dia, esperando para ser registrada no sistema de identificação americano, vi um vídeo oficial informando que nenhuma pessoa pode ser discriminada com base em sua aparência, procedência ou sotaque (viu, Alan?) — desde que consiga uma permissão legal para residir e trabalhar no país, é claro. O que não é tão fácil como pode parecer, mas proporciona, por exemplo, certa tranquilidade para se manter as tradições judaicas — e as tradições chinesas, vietnamitas e mexicanas, entre outras, todas na mesma gôndola do supermercado, sob a denominação "comidas étnicas".

Em Petrópolis, por exemplo, não tinha matzá (o pão ázimo de Pessach) para comprar; ou a gente descia para o Rio só pra isso ou metia a mão na massa, literalmente, o que fiz por dois anos exatamente. Era bem divertido até, mas aqui é mais gostoso e dá menos trabalho. Afinal de contas, viemos para cá pra comer ou para o Alan se acalmar?

É muito bacana ser judeu nos Estados Unidos, porque, cá entre nós, sem a intenção de humilhar ninguém, boa parte da intelligentsia americana, principalmente a nova-iorquina, é composta de... intelectuais judeus. Como David Brooks, por exemplo, tá bem, tô com o teclado sem nenhuma vergonha hoje, deve ser efeito da coragem de Pessach, ou do vinho, e olhem que nem comecei a beber, só desandei a escrever. Voltando aos nova-iorquinos, tem até umas palavras em iídiche incorporadas ao léxico local e até nacional, como *"schmuck"* [idiota] e *"kvetch"* [reclamar].

Por outro lado, digo, aqui do outro lado, é a primeira vez em muitos anos que passo um Pessach — sem trocadilho, sem nem considerar que a palavra *"pessach"* vem do hebraico "passagem", de uma vidinha sacrificada para outra mais sacrificada ainda, embora com alguma esperança de melhora — em plena floração. E posso, finalmente, associar a tradicional limpeza do *"chametz"* à decantada "limpeza de primavera", motivo de promoções na Amazon.

"Chametz", para quem não sabe, é toda comida feita de farinha proibida para Pessach, pois durante a semana inteira só se come matzá, espécie de bolacha com furinhos e meio sem

gosto feita sem fermento e depois moída para fazer a farinha de matzá, que é usada em todas as demais receitas, entenderam?

Tá certo. É difícil. Imaginem que o Alan, que sabe tudo, não sabia, por exemplo, que é de lei recolher o *chametz* e "vendê--lo" bem baratinho para um não judeu que possa dele usufruir sem nenhuma limitação ideológica, mas eu joguei os restos de pão na lixeira, mesmo.

Outra coisa que achei fascinante e bacanérrima foi que o *New York Times* publicou um texto de uma garota aí comentando as tradições de Pessach ao longo de sua vida, e até me emocionei de verdade quando vi que essa judeuzada espalhada pelo mundo desde o exílio da Babilônia — que, por sinal, virou o Iraque de hoje em dia — mantém suas receitas onde estiver, receitas de vida, receitas de comida. Mesmo em locais onde muita improvisação seja necessária, afinal de contas, que improvisação pode ser mais radical do que um estoque de pão formado da noite para o dia e preparado para durar 40 anos?

Tudo bem, ninguém pensou que a travessia do deserto sob a batuta de Moisés e a proteção de Adonai — "Nosso Senhor", literalmente — fosse demorar tanto (nem que a manutenção da terra prometida duramente conquistada fosse se revelar tão enrolada, cá entre nós). Quarenta anos, caramba! A meditação de Jesus só durou 40 dias!

Quanto à insegurança crescente que no dia a dia nos perturba, melhor nem mencionar. Mudar de país é muito mais complicado do que as pessoas costumam confessar, quase como uma cirurgia plástica, por exemplo. Ninguém confessa que dói à beça e te deixa arrebentada por várias semanas, meses, anos, a vida toda no caso de um exílio, ainda que voluntário, sub--repticiamente motivado por um sentimento não exatamente expresso ou mal compreendido, como a sutil aflição que me catapultou para fora do Brasil no dia exato das eleições. Quem diria que chegaríamos a esse ponto!

Tá bem, agora entrei em contradição. Mas a verdade é que a aventura da emigração, que começou com o desejo de deixar o Alan mais à vontade e mais feliz da vida em sua própria terra, depois de dez anos perdido num país (para ele) estrangeiro, acabou descambando sem que a gente planejasse numa verdadeira salvação da pátria, ou contra a (minha) pátria. Mas não pensem que aqui nos Estados Unidos estamos a salvo de todas as ameaças que a vida contemporânea nos oferece tão generosamente, como, aliás, sempre ocorreu.

Esta semana, por exemplo, tive que tentar explicar uma piada em inglês sobre o acordo nuclear, pensem bem. E apesar de todo o meu medo de nunca mais ser capaz de improvisar nem fazer rir sem precisar traduzir meus pensamentos um a um para o idioma local, imaginem que comecei sem querer a me aprimorar no inglês, Alan até me cumprimentou no outro dia:

— Olha só, estão dizendo exatamente aquilo que você percebeu na sua crônica!

Bem, melhor nem enfatizar que com todo esse esforço ainda não consegui encontrar uma boa tradução para o que se tornou nos últimos anos o meu ofício do coração: escrever "crônica", uma tradição carioca com toda certeza, mesmo quando praticada por escritores mineiros. No meu caso, em busca de uma frustrante e quase impossível internacionalização: se antes eu sonhava ser publicada n'*O Globo*, agora sonho aparecer no incensado *New York Times*, ih, piorou muito. O jeito é cantar pra subir.

Boa Páscoa!

SANGUE, ARTE E CERVEJA

U ma das experiências mais marcantes por que passei no meu pouco comentado período de esotérica — que hoje renego, mas intimamente ainda reconheço — foi uma terapia meio radical cujo nome não lembro, mas de cujas sensações nunca mais consegui me livrar. A coisa fez parte das famosas "maratonas" que frequentávamos uma vez por mês num sítio em Posse, Petrópolis, em busca de nós mesmos. O objetivo era nos "tirar da cabeça", como vocês bem sabem, um local no qual insisto em me manter até hoje, apesar de todos os esforços em contrário. Meu apelido daqueles tempos, pejorativo, é claro: "cérebro".

Consistia em passar uns dois ou três dias em grupo num salão do qual não podíamos sair, sendo impedidos de comer ou de dormir, só tomando cerveja, ao cabo dos quais ou a gente desistia, ou acabava pirando mesmo, entrando naquele espaço privilegiado onde só os mais primitivos impulsos persistiam, "*know thyself*".

Um dos exercícios lidava com a violência intrínseca a todos nós, todos, sem exceção, e quem procura acha. Escutei no outro dia alguém dizer na televisão que o humano tem certa compensação ao agir violentamente, a violência daria um barato, assim, simplesmente. Uma pessoa ficava em pé, parada no meio da sala. Em frente a ela os demais desfilavam dizendo ou fazendo o que bem lhes aprouvesse, toda censura consumida na vigília afogada em cerveja.

Na frente da fila estava um doce garoto, meio que nosso mascote por ser mais jovem e filho da proprietária do sítio, cheio de amor pra dar, pois, ironicamente, era o amor de uma vida que todos ali procuravam, não importa o que dissessem e que desculpa arrumassem. Postado frente a uma amiga nossa que todos amávamos, o garoto reagiu violentamente, empurrou-a no chão ou coisa que o valha e nesse momento caiu em si, digo, caiu em sua humanidade, sentimento, e instantaneamente se arrependeu. Profundamente.

Era um menino. Não era um criminoso.

Creio que se arrepende até hoje. Foi tanta a dor do garoto — que, repito, não era um bandido, nem um radical, apenas uma mente excitada até seu limite irracional, animal, experimental — que todos a sentimos. Excedeu seus próprios limites, e o exercício foi dado por encerrado. Bons tempos, em que apenas "encenávamos" a violência.

***

Corta.

***

Cinco e meia. Dia ensolarado. Ando cansada, trabalhando muito, não tenho dormido direito. Parei mais cedo, vesti uma roupa decente e fomos para o teatro no centro de Greenville, onde tínhamos ingresso para o Pilobolus, um grupo de dança que eu já conhecia do Rio, porque, afinal, fui educada a pão--de-ló como todo mundo sabe, e com isso adquiri uma cultura internacional que me alimenta até hoje — elite, sabem como é.

Saí de um mundo e entrei noutro; nos sentamos num bar ao ar livre para um drinque antes do espetáculo olhando o movimento de rua em Greenville, *small talk*, vestidinhos coloridos, sofá, brisa, folhas novinhas no ar, primavera. Outro mundo, como eu já disse, faz muito bem variar de mundo de vez em quando.

Começa a performance espetacular, dentro do esperado. Mas antes do intervalo vemos uma coreografia inédita, ainda sem nome, uma prévia de 2015. O palco é negro. No centro, uma porta. Divide dois mundos. O da arte, contemplativa, mulher sentada na soleira na frente de casa e de dentro vem Callas com "Casta Diva", mais um amor há muito sonhado, um encontro adivinhado, sou imediatamente captada e transportada para a minha visão da idílica montanha na casa encantada que ainda nem começamos a construir. Não estou ciente de nenhum outro mundo que não esse. Relaxo. Quase gozo.

Mas o idílio dura pouco. Há um trovão, uma espécie de hecatombe sonora que nos arrebata e a porta se abre para a violência. Três homens arrastando a sua truculência separam o casal, transformam Casta Diva num nada casto impositivo ruído, sangue, suor, para os quais não há possível defesa, nos debatemos atrás de alguma humanidade de cuja alma fomos brutalmente sequestrados enquanto o corpo resta abandonado no veludo macio da poltrona de um teatro. Tenso. Retesado.

A alternância entre breves momentos de calma e a explosão da violência segue seu curso intermitentemente iluminado até que a cena final retorna ao início. Porta, mulher, soleira, silêncio. Solidão. Somos um joguete do destino dos outros, que nos manipula impunemente sem que dele possamos nos esconder, oscilando para além da nossa vontade entre a calma que já foi prioridade e a violência que a todos nos atinge nesta nova idade.

***

Corta. Intervalo. Respiração.

***

Durante os últimos quinze minutos de espetáculo fomos levados numa viagem sem redenção, para fora da nossa cotidiana pretensão de estar no controle de tudo.

Arte é isso. Não é preciso mais droga nenhuma.

Na verdade, a genial peça do Pilobolus é a mais perfeita tradução da dicotomia em que temos vivido, querendo ou não, pois não há lugar neste mundo em que possamos nos esconder do que ocorre no resto do mundo. A não ser, é claro, se desligarmos o computador, e nos sentarmos naquela varanda encantada, silenciosa, calada, de frente para alguma futura montanha azulada e deixando para trás a violência da manada, ao som suave e há muito ultrapassado de Bellini em "Casta Diva".

Não há castidade restante neste mundo conectado.

E assim tenho prosseguido. Toda a turbulência do mundo tenho vivido dentro do meu próprio umbigo, guerra, suor, estilhaços, destroços de uma humanidade violentada e esquecida aos quais não consigo escapar, manter-me alheia a tudo com o sangue fervendo oculto sob uma negra burca, minha própria sombra mais escura *acted out* naquele tumor metastático do planeta de onde toda a beleza e toda a arte que nos caracterizam enquanto humanidade foram sugadas, nossa essência sequestrada e decapitada, sendo seu resgate solenemente ignorado por uma gente radical cuja redenção nacional não está do outro lado da porta, mas do outro lado da vida.

Tal arte seria a nossa única possível salvação.

Festa silenciosa

Tudo dá certo no final.
William Shakespeare

(...) se não deu certo é porque ainda não chegou ao fim.
Fernando Sabino

Quando eu ainda era arquiteta — *e* esotérica, vamos combinar, ser esotérica exigia muito dinheiro para buscar, sendo pouca a chance de encontrar —, fui certa vez contratada para fazer o projeto de uma boate no Rio de Janeiro.

Deixa eu explicar. No início da minha vida profissional eu tinha uma loja de móveis bastante conhecida, e melhor ainda divulgada pela imprensa, as coisas eram mais fáceis naquela época, sei lá, ou não tinha tanta concorrência de gente e de mídia. Eu era considerada a "vanguarda do Brasil", como já contei, e embora a loja vendesse pouco, arrastava atrás de si uma corte que praticava o esquisito hábito de "sonhar com meus móveis olhando a vitrine", mas, claro, nunca comprava nada — hábito ainda mais encorajado quando a gente emprestava móveis para a novela da Globo.

Vai daí que com todas essas crises de Brasil que a gente conhece, fui apanhada na onda do cruzado e obrigada a fechar a loja, deixando órfãos a minha imensidade de fãs de bom design, para não mencionar a mim mesma. Escusado é acrescentar que durante os dez anos seguintes não consegui fazer nada que prestasse, tanto a minha personalidade era associada a ser "dona da Pólen", coisa que até um grande amor me valeu.

Pois bem, entre esses meus muitos fãs que eu não conhecia (quase como no Facebook hoje em dia) estava um jovem médico, charmoso e milionário, que eu nunca tinha visto mais lindo. E um belo dia esse homem me ligou e solicitou um encontro. Eu fui.

Ele e mais dois amigos, um deles um DJ bastante conhecido e o outro um fabricante de botas de caubói (!) — Júnior, Wilson e Xú, nesta ordem — haviam decidido abrir uma nova e revolucionária boate em Copacabana (meu Deus, será que já contei esse caso?), onde antes havia sido o famoso Crepúsculo de Cubatão e em seguida a neocafona Kitchnet. A ambas eu frequentava, conhecia aquele buraco como a palma da minha mão, apesar de estar sempre escuro demais para se identificar qualquer coisa que estivesse acontecendo lá dentro, sabem como é, ainda bem. E agora, imaginem, os três mosqueteiros, sob o comando financeiro do Dr. Júnior, tinham decidido contratar esta arquiteta que aqui vos fala para criar o projeto.

Que honra! E como eu precisava do dinheiro! Estava de viagem marcada para o Colorado, onde me enfiaria numa aventura de vidas passadas com o neoxamã da minha preferência. Pagaria o "workshop" com meus serviços de tradução simultânea, ah, não, isso foi bem depois, nos vários workshops que se seguiram, nesse de agora precisava de todo o dinheiro para financiar a viagem, *et voilà*, o Grande Espírito Wakan Tanka providenciou.

Mesmo com minha pouca prática em projetos de arquitetura, meti mãos à obra com grande animação. Falta de ideias nunca tinha sido problema para mim, e criei para os "meninos" o que eu mesma chamaria na época de "boate sensorial", isso, deixa eu localizar, no início dos anos 1990, quer dizer: pouco computador, nenhuma internet, nenhum celular, e tudo conectado com muito fio, por favor. Em resumo, um outro planeta.

O acesso à boate se dava por um corredor longo e estreito, muito estreito, acolchoado de espuma de ambos os lados (o *background* espiritual de tudo isso eram minhas sucessivas visitas à Documenta de Kassel, exposição de arte de vanguarda que acontecia na Alemanha de quatro em quatro anos), quer dizer, para entrar no recinto havia que se fazer o percurso ao contrário da vida para o útero, onde "mamãe lazer radical" nos aguardava com seu ambiente sensacional. Chegando ao salão principal, mesmo sem bebida nenhuma todos já se considerariam bêbados, pois o piso era ligeiramente inclinado assim como as paredes e todo o mobiliário disponível — poucas peças, é claro.

Mas isso não era tudo. O mais sensacional é que o som na boate era de completo silêncio! Cada frequentador se "plugava" num headphone acolchoado e dançava sozinho, conforme "sua própria música", altíssima, obviamente, todos virados para a sua própria parede, uma ideia ligeiramente inspirada numa pessoa que eu costumava ver no Crepúsculo batendo com a cabeça na parede enquanto dançava, e determinada, por que não confessar, pela inexistência de *gadgets* sem fio.

Não preciso dizer que fui pontualmente paga, comprei uma incrível bota de caubói do Xú e embarquei para o Velho Oeste e meu programa de índio, literalmente. O projeto da boate nunca deslanchou, jamais foi executado, por que eu não sei, ou claro que sei. Hoje em dia seria fácil, com toda a parafernália tecnológica de que dispomos, mas já se passaram 25 anos!

E qual o propósito de desenterrar essa história agora?

Bem. Como vocês sabem, fui dolorosamente arrancada da minha linda casa de dois andares no Vale do Sossego e transferida sem anestesia para um apartamento de quarto e sala — no primeiro mundo, embora —, um espaço onde não há para onde fugir do íntimo convívio com meu amoroso marido, que, entre outras coisas, assiste a seriados violentos na televisão e tem problemas para dormir. Não preciso esclarecer que quando ele não dorme eu tampouco consigo dormir, isso, para nem mencionar as horas durante o dia em que ele escuta o noticiário e eu preciso de máximo silêncio para me concentrar no trabalho.

Aqui chegando, compramos uma supermoderna *smart* TV, mas qual não foi meu desapontamento quando descobri que não tinha entrada para fones de ouvido! E com tanta coisa para resolver, o atraso na minha agenda por conta da mudança, o Green Card, o projeto da casa, mais o estranhamento do inverno e do exílio... fui me conformando com o barulho inclemente. Eu poderia, claro, ir trabalhar em algum café, ou na sede do condomínio, bastando para isso atravessar a rua, mas infelizmente sou viciada na intimidade da minha própria casa. E como já havia me treinado no tempo de mamãe, que, aliás, morreu há três anos exatamente, comecei a operar imediatamente com dois cérebros separados: um, dedicado à edição, o outro a (não) escutar a televisão.

O caso é que com o progressivo cansaço o cérebro duplo vai pifando, outra coisa que eu também já tinha experimentado no passado, no tempo de mamãe. Some-se a isso algumas noites penosamente maldormidas no fim dos soníferos mensais do Alan — para não mencionar a possibilidade de cinco temporadas inteiras de Downton Abbey à disposição da insônia para quando a gente quisesse ver —, e eis a confusão formada.

Na sexta-feira a coisa estava tão malparada que eu já me sentia um zumbi. Estava tão viciada na tensão, que os poucos minutos de silêncio que Alan me proporcionava chegavam a me doer nos ouvidos, fisicamente, imaginem. Entrei na Amazon decidida a solucionar o meu problema, e depois de muita discussão e pesquisa — seria de um "receptor" ou de um "propagador" que a gente precisaria? — encontramos um dispositivo que prometia transformar qualquer hardware de qualquer espécie e fabricado em qualquer época num dispositivo Bluetooth, portanto, qualquer headphone também Bluetooth funcionaria! Tecnologia!

As resenhas do aparelho na Amazon eram variadas, desde decepcionadas até maravilhadas, inclusive pelo diminuto tamanho da coisa, um mero 5x4, pouco mais que uma caixinha de fósforos. Resolvi arriscar, e cliquei: comprar! Claro que com meu pessimismo, hoje em dia cotidiano, eu não esperava que a coisa realmente funcionasse no nosso caso, afinal de contas, vinha adiando esse momento por seis meses! Mas como é muito fácil e descomplicado devolver qualquer coisa para a Amazon, o risco era mínimo, só 35 dólares, a mesma quantia, imaginem, que há mais de dez anos paguei para conhecer o Alan na internet.

Pois hoje de manhã, isso mesmo, domingo, o pacote foi entregue pontualmente pelo correio. Fiquei com o coração na mão, funcionaria ou não, ansiosamente abri os dois pacotes (transmissor e fone de ouvido) e atabalhoadamente, sem dar muita atenção às instruções, precedi ao "emparelhamento" e à configuração da televisão. E não é que funcionou mesmo!

Amigos, foi meu dia mais feliz desde que cheguei aos Estados Unidos!

E agora cá estou, num silêncio de igreja, ouvindo apenas os passarinhos, a escrever minha crônica do próximo domingo, a total falta de ruído ainda me ferindo os ouvidos. Isso é que é qualidade de vida. Foram os mais bem gastos 35 dólares da minha vida, depois daqueles outros 35, é claro.

Deu no New York Times

Vamos combinar, ninguém pode reclamar de que não sou ousada, dada a uma *chutzpah*. Desde que me dou por gente, e até antes disso, sempre me vi (voluntariamente?) enfiada em desafios, situações estressantes, muito além da minha capacidade de lidar. E lá vem trauma. Minha desculpa interna é que tais ousadias "me fazem crescer".

Lembro-me até hoje, por exemplo, do meu primeiro dia na Faculdade de Arquitetura no Rio, depois de uma dolorosa transferência. Esqueçam a glória de ser cronista mineira bem-sucedida no Rio. Na época, eu não sabia de nada disso, só tinha "coração" para me sentir uma jacú perfeita no meio dos avançadíssimos cariocas, e a reação não tardou.

Um dos mais charmosos da classe, que pouco depois, é claro, tornou-se meu melhor amigo (pode até parecer, mas eu não jogo pra perder), olhou para mim com aquele olhar de nojo, não para mim exatamente, mas para o vestidinho largo e florido que me vestia. Que horror! Que coisa mais mineira, sô!

Nem vou perder tempo contando que anos depois lá estava eu na vanguarda carioca, cabeça metade raspada (as tatuagens só vieram depois), vestida de preto da cabeça aos pés, sem exagero, no meu armário só se via essa ausência de cor, e até hoje é assim, fora um laranja ou outro — até porque "laranja", não por acaso minha cor favorita, "é o novo preto".

Pois imaginem que não satisfeita por ter migrado de Minas para o Rio me vi tentada anos mais tarde a emigrar para os Estados Unidos, imaginem de novo, o centro civilizado do mundo, onde sempre tinha vivido desde a adolescência na vida da fantasia, embalada pelo rock e pelo cinema como todo mundo que a gente conhece. E não satisfeita por ter me mudado, como mineira ousada, é claro que — apesar de todas as tentativas em contrário do Alan, cada vez mais machista e raivoso — eu não iria me limitar a ficar calada no meu canto. Isso nunca. Não me importaria com o vestidinho cafona nem com o sotaque errado, francamente, lidei com isso a vida inteira, se é que vocês me entendem.

Gosto de pensar que minhas elucubrações literárias, apesar de seu tom "regional", têm certa tendência universal, senão, de que valeria escrever, não é mesmo? E decidi ir direto ao topo: queria ser publicada pelo *New York Times*, como já contei.

Comecei pelos comentários online. Tudo foi bem na época da Copa, enquanto falava (mal) do Brasil, tive até um ou dois deles agraciados com o "NYT Picks", que embora não seja nenhuma medalha de mérito literário tem um design gráfico bem específico para parecer-se com isso. Afinal, estamos na América, terra da meritocracia, mais sobre isso mais tarde.

Mas, amigos, bastou eu mirar um pouquinho mais alto para a coisa começar a degringolar (cá entre nós, será que a etimologia desta palavra tem algo a ver com "gringo", "estrangeiro latino"?). Comecei a perceber que os meus argutíssimos comentários sobre política internacional nunca pareciam no site, e me desesperei.

Não me levem a mal, mas minhas opiniões são muito importantes para mim. E naquele assunto em particular eu queria muito ser ouvida, porque se tratava de certa maneira da minha outra pátria querida, da sobrevivência do Estado de Israel, e mais, de uma proteção, mundial a meu ver, contra os abusos do terrorismo, contra os absurdos dos radicais islamistas que não ocuparei meu espaço para especificar, estão aí mesmo para todo mundo rejeitar. Se eu não me manifestasse propriamente, com certeza os Estados Unidos, e com eles o mundo, mergulhariam sem salvação numa era de franco obscurantismo, Deus nos livre dessa queda fatal.

Pesquisei a fundo para descobrir o que haveria de errado, pois, segundo o jornal, todos os comentários são moderados. Estaria eu me excedendo no linguajar? Teria tido problemas graves ao me expressar? Alan já me alertou para certas expressões a que estou acostumada, meio que um inglês de "chofer de caminhão" — apreendido nas telas do cinema, é claro — e que não devem em hipótese alguma ser usadas no meio de gente "educada" — que nem o tal "vestidinho florido", um verdadeiro perigo.

Tentei novamente, dessa vez com um cuidado extra na escolha das palavras e revisando tudo muito atentamente, grudada no dicionário e no corretor online. Foi quando me ocorreu uma outra ideia: quem sabe eu estava sendo automaticamente "filtrada" por conta do "ponto.br" no meu e-mail? Vestidinho florido, sabem como é, ali, para todo mundo ver.

Pus mãos à obra, afinal de contas tenho um blog em inglês e um domínio ponto.com "para inglês ler", e não só isso, venho me dedicando intensamente à tradução das minhas crônicas com auxílio profissional, embora seja bem verdade que a busca da minha "voz em inglês" acaba se impondo à tradução original, quer dizer, a culpa pelos meus erros é minha mesmo. Isso tudo, imaginem, sob aquela chuva habitual de críticas a que sou submetida domesticamente, diariamente massacrada moralmente, obrigada a "comer corvo" e a cair na real quanto ao absurdo das minhas "pretensões". Atenção, tradutora, para manter a ironia intacta nesse trecho, "comer corvo" [*eat crow*] deverá ser traduzido literalmente por "*swallow frog*" [engolir sapo].

Fui ao meu perfil no *NYT Times*, do qual sou assinante há longo tempo, e alterei os dados de contato, tudo para meu e-mail ponto.com e para o atual endereço em Greenville, afinal de contas, sou uma residente agora. E sem perder um segundo voltei ao artigo em questão, para incluir a minha manifestação.

Decepção. O painel de comentários já estava fechado. Mas ali piscando, "tentação", estava o convite: "Cartas para o editor". Escrevi. Enviei. E logo esqueci, não ia ficar ansiosa nem gastar meu tempo com essa bobagem, a mesa de edição carregada de projetos e atrasada como sempre e mil outras coisas para fazer apenas para me manter viva. Não esperava nada além de ser destinada à "cesta seção" — termo excelente tomado emprestado de uma amiga escritora — ainda mais considerando que a carta era bastante crítica à política externa de Obama que, como todo mundo sabe, o *New York Times* apoia incondicionalmente, nem se incomoda com as possíveis radicais consequências.

Mas, para minha surpresa... dali a menos de dois dias recebi um e-mail da editora de cartas do *New York Times*! E assim deu-se início a uma aventura editorial, gente, eu não poderia imaginar o cuidado e a atenção que uma simples carta ao editor poderia suscitar, e tenho certeza de que não é bairrismo de minha parte. Pesquisei a editora, Sue Mermelstein, que, acreditem, não é uma simples estagiária ignorante como em outros jornais que a gente conhece, mas uma senhora formada em literatura por Yale. Ficamos por três outros e-mails discutindo o teor de uma única palavra, isto é, mudei de "lado" temporariamente, e me deliciei de verdade.

Não me entendam mal. Sei muito bem que não são "escritores" os que publicam cartas em jornal, mas apenas gente comum que muitas vezes não tem nada melhor para fazer, nenhum prazer maior na vida do que ler seu próprio nome publicado num grande jornal (qualquer semelhança comigo não é mera coincidência), mesmo que seja na seção "Cartas dos Leitores". Mas para mim, vinda da recôndita Belo Horizonte da minha infância — é verdade, faz tempo que saí de lá, mas, como todo mundo sabe, a gente sai de Minas, mas Minas nunca sai da gente — ser publicada no *New York Times*, eu confesso, foi a maior glória. E não foi só online, foi também no papel, isso, para nem mencionar que finalmente tive o prazer de colocar meu palitinho para testar a textura do bolo solado em que se transformou o mundo.

Nem vou confessar que essa mínima vitória me animou além da conta a prosseguir enviando ao jornal as minhas crônicas em inglês, e lá vem corvo goela abaixo a cada quarta-feira, dia em que fica pronta a versão traduzida. Não ligo. Vai que um dia alguém escorrega na cesta e lê por acaso o meu e-mail... Do qual, aliás, eliminei para sempre todos os resquícios de "ponto. br", seguro morreu de velho, sabem como é.

Ah, o teor da carta, com a edição da Sue marcada:

> *Yes, the vitriolic attacks on President Obama are disturbing and hurtful to the presidency and to the American people. But having been forced to listen for years to Republican commentators who highly disturbed me, owing to a strong difference in opinion inside my own home and marriage, here is what I have to say:*
>
> *There are many among us who strongly supported President Obama not once, but twice, and saw our hopes for change fall to the ground. It is not that we don't love diplomacy and desire peace. Simply, we regard Mr. Obama's diplomatic efforts and foreign policy as weak and misguided, his attitudes as dubious, and some of his decisions as dangerous, to the United States and the Western world.*
>
> *We pray it is not the case, that we are just mistaken, deceived by appearances, and by the theatrical actions that largely characterize politics nowadays.*

NOGA SKLAR
Greenville SC

O OUTRO LADO DA MOEDA

Tudo bem que esse longo assunto da obra da nossa casa em Paris Mountain me faz virar bicho, mas nada me preparou para a onda de ódio com que escancarei a gutural garganta e apontei para o Alan minhas garras de fera. A coisa borbulhou sem controle de dentro de mim quando ele criticou pela enésima vez a planta de locação que deveria ser apresentada ao município de Greenville — onde estávamos apelando para uma alteração no afastamento obrigatório da rua que facilitaria a construção, tendo em vista a pirambeira que é o nosso lindo terreno. Francamente, parecia uma cena de "O exorcista", só faltando o vômito verde correspondente.

No dia seguinte, quando ele percebeu que eu havia enviado a minha versão, e não a que ele queria, a cena se repetiu sem alteração.

Mais um dia se passou, eu cortando um dobrado em busca de maior controle de minhas reações — se continuasse desse jeito, não sobraria casal para curtir a casa nova, nos assassinaríamos mutuamente com certeza antes da cumeeira — quando, numa ida ao banheiro, notei traços de sangue.

O que é isso! Mais essa agora!

Tá certo. Eu não deveria revelar tais intimidades em público, mas, entendam, tendo adentrado a menopausa há cerca de uns sete anos, o fato era muito inesperado, para não dizer alarmante.

O que me espantou ainda mais foi a minha inquietante reação. Buscando no Google na calada da noite uma razão possível para aquela surpresa do organismo, só encontrei, é claro, as piores explicações. Era câncer do útero, com toda a certeza. Nos fóruns femininos, pequenas suspeitas do tamanho das gotas vermelhas — meio aguadas, mais para cor de rosa, devo confessar — se transformavam em cirurgias de emergência sem dar margem a nenhuma dúvida ou hesitação, e eu, claro, entrei imediatamente em pânico, já me vendo em retalhos sobre a mesa de operações.

Mas, intimamente, decidi que não faria nada, sofreria calada, nem diria nada ao Alan. Afinal de contas, esta seria a melhor maneira de evitar uma indesejada interferência médica; tudo é câncer hoje em dia e ninguém tem mais o direito de escapar voluntariamente aos terríveis tratamentos.

É isso mesmo. Decidi que preferiria morrer quieta a explorar dolorosas tentativas de cura, com a concomitante perda de dignidade. Andava cansada demais da conta. A vida parecia não ter tanto a me oferecer. Sentia-me sozinha, nada certa da permanência do Alan e menos ainda do amor dedicado dos meus filhos, recentemente adquiridos. A perspectiva de netos andava bastante distante, e o que restou da família, distante também, a oito mil milhas de avião e minguantes telefonemas dos quais nem posso reclamar, afinal de contas, fui eu que decidi emigrar. Além do mais, não via jeito de a casa deslanchar. Provavelmente viveria para o pouco resto da vida neste apertado apartamento sem vista. Lutar pra quê?

A nota cômica foi ter recebido pelo correio, justamente nesta semana crucial, uma proposta de seguro-funeral, caramba, por que descolaram meu nome para me enviar isso? Será por que descobriram num cadastro qualquer que tenho 63 anos e já está na hora de morrer? Ou de enviuvar?

Francamente, minha depressão me assustou bem mais do que a possibilidade do câncer. Mas, é claro, não resisti, e no segundo dia, quando em vez de uma gotinha foram três, decidi contar tudo para o Alan.

Meu marido não se alterou, ao contrário, foi ao Google (ele é especialista em buscas online, o melhor que já conheci, tinha que ter alguma vantagem, não é mesmo?) e lá obteve resultados bem mais suaves, como, por exemplo, aquele que interpretava o tardio sangramento como resultado de estresse:

— Não se pode dizer que o seu prato não esteja transbordando — ele disse, em inglês, "*You've got too much on your plate*".

E é verdade. Aguardei mais um dia, e o rubro tornou-se rosado novamente. Enquanto isso, tentei bombear algum novo ânimo em minha mente, me forçando a caminhar todos os dias no lindo parque aqui perto de casa.

Depois acabou.

Vendo em retrospecto, é bastante estranho, tudo bem, mas o que ocorreu comigo foi, nada mais nada menos, do que uma menstruação (muito) fora de época, com TPM e tudo! Coisas que devem acontecer, embora pouca gente testemunhe nas redes esse tipo de fato, já vamos logo matando, empurrando o mais grave dos prognósticos.

O que me leva à segunda parte desta crônica, escrita ao cabo de um mês terrível para a história da humanidade, um abril mais com cara de agosto: queda de um avião conduzida por um piloto louco, ameaça de um mau acordo nuclear com o Irã, conflitos sangrentos no Iêmen, naufrágio de refugiados no Mediterrâneo "com pagamento adiantado", grave terremoto no Nepal, execução de um brasileiro na Indonésia, e, aqui neste lado do planeta, as graves manifestações de negros em Baltimore, repetindo outras semelhantes que ocorreram há bem pouco tempo, sempre envolvendo mortes violentas, policiais brancos e suspeitos negros, e como cereja do bolo a Califórnia dos nossos sonhos se desertificando, só para listar aquilo de que me lembro, haja mente para arquivar tantas notícias dolorosas. Isso, que nem relacionei a crise terrível do meu Brasil, onde a moral em todos os sentidos despencou para o fundo do poço.

Que miséria! O que estaria acontecendo com o mundo? Teríamos finalmente perdido o nosso rumo?

Está certo, a pobreza existe, a dor persiste, e boa parte da humanidade, dependendo do carma do lugar onde nasce, passa a vida a padecer, mas, pô, peraí, seria isso que testemunhamos, nas notícias na internet e na TV, tudo o que teríamos para viver? Onde foram parar todas as coisas boas desta vida? A arte, a beleza, o lazer? O amor? Até o hábito de viajar tem sofrido um sério baque; com tanta ameaça, a gente custa a se animar, fica difícil uma simples decisão de sair de casa para passear. Não sei, mas me arrisco a afirmar que há em curso uma orquestração para nos tornar deprimidos, uma raça inteira a depender de comprimidos para encontrar alguma graça de viver.

Me entendam bem, não quero fazer pouco de quem sofre de jeito nenhum, quisera eu poder fazer algo além de escrever para mitigar o sofrimento de todo mundo, mas, francamente, eu mesma não ando muito bem das pernas como acabei de confessar. E em vez de curtir a posição que conquistei com não pouco penar, venho decidindo inconscientemente resumir minha vida a brigar com marido e a me sentir seriamente doente, até desisti recentemente daquela vontade que costumava cultivar, de viver além dos 100 anos e fazer tudo ao meu alcance para conseguir isso. Parei. Me entreguei. Só penso na minha morte, minha e do meu companheiro, mal consigo decidir se morrerei primeiro ou se será ele a me abandonar triste e sozinha nesta vida de miséria.

Uma das coisas que mais me incomoda, e que me aparece como um dos mais graves sintomas dessa ameaça depressiva à raça humana, é a questão do racismo nos Estados Unidos. Tudo bem, este é um país onde já se enforcaram negros em árvores por conta de um simples olhar torto, para nem mencionar a vergonha da prolongada escravidão africana, mas, francamente, na vida real não vejo que seja atualmente um país racista. Pensem bem, até um presidente negro foi escolhido por vasta maioria da população! Que raio de racismo seria esse?

No meu condomínio, que é bem bacana, apesar das minhas reclamações em contrário — tendo vivido tantos anos no meio da mata e dos bichos, de frente para a majestosa Maria Comprida, francamente, fiquei mal-acostumada, habituada à beleza —, há uma alta percentagem de moradores negros, bem--vestidos, com carrões, provavelmente bons empregos, não vejo sinal de discriminação em lugar nenhum. Na TV são frequentes os depoimentos de advogados negros, bem informados, bem articulados, centenas de Joaquins Barbosas bem-sucedidos na vida. Quanto à pobreza americana, francamente, seria considerada riqueza em muitos países do resto do mundo. A oportunidade existe, ao que parece. O que tem faltado, acredito, é vontade, disposição de lutar — e por lutar quero dizer lutar por si mesmo, pelo próprio crescimento, não jogar garrafas e pedras em policiais e depredar estabelecimentos.

Mesmo que se sintam achacados, atacados e vitimados, levados a esses sentimentos por determinação imperceptível de alguma agenda sutil, provavelmente patrocinada por grupos mal-intencionados em busca de mais poder e dinheiro, vamos combinar que os negros americanos são privilegiados — como todos os americanos, aliás, mesmo os que vivem protestando.

Mais do que nunca deve ser valorizado aquele velho ditado: as grandes mudanças começam dentro de cada um. É isso mesmo. Devemos ser fortes, gente.

Um silêncio de eclipse

Devo confessar que o título desta crônica é um chute completo. Nunca assisti a um eclipse total do sol, embora seja um dos desejos que acalanto nesta vida. E como já disse em outras ocasiões, estou me preparando para experimentar o meu primeiro, da varanda da minha casa em Paris Mountain, no dia 21 agosto de 2017, estão todos convidados. Estarei viva e bem até lá? Falta pouco, vamos combinar, quer dizer, faltava muito mais quando comecei a planejar.

Será o primeiro eclipse total do sol visível nos Estados Unidos em 26 anos, e, pasmem, a Carolina do Sul, Greenville entre as cidades privilegiadas, estará na faixa da totalidade, vai planejar bem assim na...

Agora, a verdade. A escolha de Greenville para viver não tem nada a ver com esse eclipse total, de jeito nenhum, foi uma simples especulação do Alan via Google Maps, ainda no Brasil, enquanto procurava um local para a gente morar nos Estados Unidos que fosse suficientemente perto para a gente visitar e suficientemente longe para a gente não incomodar o Erik, nosso filho mais novo, já que naquela época o mais velho estava meio "perdido" numa ilha paradisíaca do Havaí, coisa de americano, sabem como é.

Outra verdade é que tudo muda o tempo todo no mundo.

David atualmente está vivendo na Califórnia — não se sabe por quanto tempo porque é proibido perguntar —, e o Erik não sei bem, mas tudo bem, está bem feliz namorando uma garota do Canadá, tendo rompido o noivado com aquela outra da Georgia de quem em teoria morando aqui seríamos quase vizinhos, para curtir os netos e tudo o mais. Quanto a Greenville, além de ser uma cidade bastante agradável, também está se configurando como localização cada vez mais privilegiada, visto contar com um permanente manancial de água num país que está secando, como já mencionei. Até já me acostumei com toda aquela história de os homens não apertarem a minha mão, seria pior no Japão, é ou não é? Em Roma, faça como os romanos e estamos conversados, "*all's well that ends...*" *Brush up your* Shakespeare, é isso aí.

O caso é que tudo por aqui é novidade para mim. Não sei quando vai esquentar, e se vai ou não chover quando a temperatura subir, não sinto cheiro de chuva no ar. Não sei quando as rosas vão brotar, nem quando as devo podar — depois de descobrir em algumas caminhadas na semana passada que há muitos jardins de rosas em Greenville, oba, também poderei ter um. Mas como eu deveria adaptar aquela regra de que não se deve podar as rosas em mês que tem "r"? Isso nos levaria a podá-las justamente quando estão começando a florescer! Ou pior, em pleno florescimento!

Tudo bem, diriam vocês, isso é o de menos, basta tirar o "não" da frase; mas, vejam, não é assim tão simples, pois poderíamos erroneamente decidir podá-las em meio à última nevasca, o que, além de provocar resfriado, não colaboraria em nada com a futura brotação. Mas não estamos aqui para falar de flores, não é mesmo?

Ah, ok. Desculpem. É tudo metáfora.

Quando há sete anos nos mudamos para Itaipava, o clima de lá também me pegou desprevenida, embora obviamente não no mesmo grau. No primeiro verão, por exemplo, a estação das chuvas se esmerou em nos surpreender: choveu por duas semanas seguidas! Mas como no Brasil nada é simples, nem o padrão do clima — que, aliás, a se confiar na mídia apocalíptica está em mutação no mundo inteiro —, a coisa nunca mais se repetiu, isto é, não era padrão coisa nenhuma, só coincidência, como tantas coisas nesta vida, embora a gente logo se apresse em normatizar tudo.

Este estranhamento dos hábitos e regras num país desconhecido pode soar como uma aventura, mas pode também ter seu lado desesperador: esta semana, por exemplo, gloriosa semana em que retomei o hábito de caminhar e até arrisquei uma breve corridinha sem me estrepar, me vi às voltas com uma agoniante coceira no rosto e pescoço. Voltei a me desesperar, e a me re-estressar com as pesquisas no Google. Seria a velhice? Um novo ataque da minha tireoide contra sua generosa hospedeira, como já havia me acontecido anteriormente? Ou uma forte alergia? (Sou dada a pequenos males autoimunes — em resumo, eu me odeio —, principalmente na pele, como já contei.) Mas, cá entre nós, alergia a quê?

O que me leva sem escalas ao "silêncio de eclipse", um silêncio total de meio de noite em pleno meio do dia, exótico fenômeno da natureza que apenas imagino, como, outro exemplo, aquele impressionante retrocesso do mar que antecede um tsunami, e que também só conheço de ouvir contar, vou explicar.

Esta semana quase sucumbi à tentação de não escrever, mas daí me lembrei, não só que tenho uma reputação a zelar, como de uns tempos pra cá tenho atuado como uma espécie de "cronista exemplar" para os meus colegas de *Single K*, aquela pessoa maravilhosa para quem o assunto nunca falta e a disciplina semanal nunca falha, qual o quê. Máscara. Prato requentado. Afinal de contas, sou humana como todo mundo, e, portanto, me sentei pontualmente para escrever. Mas a verdade, meus amigos, é que estou num momento crucial da minha carreira de imigrante que não desejo no momento compartilhar com vocês, só quando passar, e tudo o mais traz a sensação de ser secundário neste fim de semana, inclusive o hábito de escrever crônica. Enfim, estou em pleno "recesso das águas" e não faço ideia se o tsunami virá, ou se é apenas a maré mesmo, ainda mais considerando que vivo na montanha, longe do mar, em meio a uma floresta temperada na qual nem os passarinhos consigo reconhecer.

Pois então vocês terão que se virar com este assunto que se insinua sem querer se revelar, pois se eu contar, vai que dá aquele azar. Mas pelo menos o mistério da alergia posso desvendar, caso contrário lá estaria eu me expondo no momento fatal me coçando toda, Deus me livre e guarde. Tratava-se, pura e simplesmente, de uma forte alergia ao pólen do ar, imaginem. E tudo sumiu com uma pomadinha certeira, o que seria impossível sem o indispensável diagnóstico do Alan — mais ou menos um personagem "local", com toques de estranhamento "estrangeiro", claro: depois de dez anos afastado do seu país, ele costuma dizer por aqui que "é do Brasil". Esta manhã, imaginem de novo, Alan acaba de me informar que o pólen é tanto, e tão disseminado, que nem preciso sair de casa para o pó amarelo se grudar em mim que nem praga corriqueira, pois além de flutuar no jardim também penetra pelos dutos do ar condicionado.

O jeito é aguardar a primavera passar, tudo passa, sabem como é. E um bom domingo procês, ah, é, feliz dia das mães! Falar nisso, a crônica já estar escrita quando as recebi não é motivo para não mencionar a emoção de receber flores dos filhos pela primeira vez na vida, uau, amo vocês, garotos.

WELCOME TO AMERICA

No meio da noite, Alan me sacudiu com força:
— Noga, qual é a data do nosso casamento?

Estava preocupado com a entrevista, tadinho, já era a terceira vez que me perguntava a mesma coisa.

— Não se preocupe, Alan. Homem nenhum sabe a data do casamento. Isso é coisa de mulher!

Já eu, que sou sempre tensa, estava estranhamente tranquila, talvez pela certeza de estar dentro dos conformes para a concessão de um Green Card com base no casamento, mas, devo confessar, intimamente temia com alguma angústia um revertério inexplicável, por conta da minha firme, porém altamente criticada decisão de fazer tudo sozinha, sem contratar um advogado, como já contei. Vinha até evitando mencionar o assunto.

Finalmente chegou o dia. Acordamos às seis da manhã, bem antes do despertador, tomamos banho, café, passei batom, vesti roupas de seda, coloquei o brilhante no dedo e pérolas no pescoço. Até os brinquinhos de brilhante de mamãe decidi desencavar, dormi com eles para não me atrasar, tudo para "provar" que tinha como me bancar sozinha, afinal de contas, esta parecia ser a principal preocupação, tanto do Alan como dos formulários da imigração. Todos os originais de todos os documentos originalmente enviados com os citados formulários já estavam classificados na pasta, fechada há uma semana para não esquecer nada, conforme recomendava a carta que nos informava da data. Cá entre nós, sou muito organizada, tenho uma capacidade superior para lidar com papelada, ou nem poderia ser editora afinal de contas.

Para nada. A "oficial" em serviço mal olhou os formulários, nada pediu e nem perguntou quase nada. Foi listando e conferindo nomes e endereços. Depois veio o clássico questionário a que como turistas já estamos acostumados, isto é, se já roubamos, estupramos, matamos, traficamos armas ou drogas, estivemos na cadeia por qualquer motivo ou envolvidos com o Partido Comunista (não necessariamente nesta ordem), que, cá entre nós, nem existe mais. Não perdi a oportunidade de uma provocaçãozinha:

— Alan, nos Estados Unidos é proibido por lei ser comunista? Cadê a sociedade pluralista?

A diferença, segundo ele, é que, como fizemos o juramento — quase ia me esquecendo de mencionar que antes de a oficial nos convidar a sentar levantamos a mão direita e teve o tal juramento, caramba, como se (per)jura nos Estados Unidos, só esta semana foram duas vezes —, qualquer resposta mentirosa seria considerada crime passível de punição legal. Não me preocupei com nada disso, sou completa e concretamente ficha limpa como todo mundo sabe, até mesmo a Polícia Federal brasileira que emitiu o atestado com tradução juramentada que eu havia anexado ao processo.

— Onde vocês se conheceram? — perguntou a oficial.

— Na internet — respondi. E fiz questão de mostrar uma versão impressa do meu romance *Sem graus de separação*, tudo para demonstrar a estabilidade da nossa relação.

Alan ficou uma fera. Ele fica apavorado toda vez que eu menciono o romance por causa do erotismo explícito, acha que o texto só tem isso, coitado, já que até hoje não pôde ler o texto acabado, e deve ser tudo de que se lembra... será? E fica mais preocupado ainda porque estamos na caretíssima, supercatólica Carolina do Sul.

— Guarda isso! — ele me ordenou, como se o livro fosse um perigoso explosivo.

A prova cabal de que somos um casal veio afinal quando ele resolveu contar o caso da construção da nossa casa no Brasil, onde o empreiteiro deu como garantia o seu "bigode", coisa que Alan nunca perdoou. Como não poderia deixar de ser, enfiei a minha colher, fazendo graça para a oficial:

— Mas, você sabe, essa ideia veio dos filmes do Velho Oeste, onde o mocinho tirava um fio de seu bigode como garantia de seu caráter — eu tinha lido a história numa crônica do novo livro de Priscila Ferraz em que estava trabalhando naquele momento.

— Não sabia — disse a obesa, porém bastante simpática oficial (eu não podia deixar de destilar esse veneninho, *sorry, folks*).

Ah, pra quê. Alan ficou possesso.

— Fica quieta!

E ela:

— Deixa a sua mulher falar, assim é que fico sabendo das coisas verdadeiras.

Ele ficou mais possesso ainda.

— Esta é prova de que temos um verdadeiro casamento! — concluí, quase me divertindo.

Também para assuntos de imigração existe uma ferramenta infernal chamada "Google" — funciona que nem nos casos de câncer e outras doenças terríveis, todo mundo tem seu bedelhinho para meter, sabem como é. Eu tinha pesquisado, e lido que, ao final da entrevista, se tudo tivesse corrido bem, já sairia de lá com um carimbo no passaporte.

Mas nada disso aconteceu. A fofinha oficial disse que "aparentemente" estava tudo em ordem, mas ainda deveria dar uma checada final que provavelmente não revelaria nada, já que a primeira passada nada havia revelado. Balde de água fria.

— Estando tudo ok, hoje à tarde despacharei o seu processo. Até o final da semana você deve receber uma carta de boas-vindas, e em mais três semanas o seu cartão oficial, e aí poderá pedir o número da Seguridade Social. Seu Green Card será válido por 10 anos, já que vocês são casados há mais de dois.

— E em três anos posso pedir a cidadania americana, não é?

— Correto — ela respondeu gentilmente. — Isto é, se vocês conseguirem se manter casados!

Como sou brasileira de coração, saí de lá meio jururu. No Brasil já estamos acostumados, *"everything that can go wrong will go wrong"*, não falha nunca, se é que vocês me entendem. Nem consegui relaxar.

Já no carro, Alan tentou me angustiar, disse que eu falava demais, não tinha nada que ter contado aquela história besta do bigode do caubói e muito menos mencionado que havíamos começado a KBR há quase sete anos na Amazon, com base na cidadania americana. Dele, é claro.

— Mas a Priscila escreveu! Ela deve saber!

Segundo ele, tenho talento suficiente para avacalhar até um "almoço grátis", uma expressão favorita americana.

— Quer ir a algum lugar, tomar um drinque para comemorar? — no fundo no fundo, não parecia preocupado de verdade.

Estava aliviado. Confia no seu país. Para ele, se a oficial falou, estava falado.

— Você acha que eles ainda podem mudar de ideia, Alan?

— Claro que não. A imigração americana não comete enganos.

— Ah, estou cansada, quero ir para casa.

Passamos na loja de bebidas (aqui nos EUA, para quem não sabe, não se pode comprar bebida destilada no supermercado, só vinho e cerveja), compramos uma garrafa de uísque e fomos direto para casa, onde trabalhei pelo resto do dia no livro da Priscila — já bastante atrasado —, como se nada tivesse acontecido. Mas minha vida já havia se transformado.

No dia seguinte contei a história para ela.

— Você viajou, nunca escrevi nada disso, não sei do que você está falando.

Mas eu podia provar. Afinal de contas estava no livro, e com certeza eu é que não tinha escrito aquilo.

Para me consolar, resolvi checar o andamento do meu processo na internet, e lá estava a linda mensagem de confirmação: "No dia 11 de maio, 2015, registramos o seu *status* de residente permanente e enviamos a carta de boas-vindas. Siga as instruções. Seu novo cartão de residente permanente deve chegar pelo correio até o dia 10 de julho de 2015".

Deu certo! Oba!

IMPETUOSIDADE COMUNITÁRIA

Bem... (nunca comece uma frase com "bem", grita o meu Alan internalizado). E aí, bem antes da data aprazada, recebi meu Green Card pelo correio. Verde, como o próprio nome diz, embora muita gente diga que nem sempre é assim. Voltando da caminhada, fui descuidadamente abrindo o envelope prioritário a caminho do apartamento, e *surprise, surprise*, lindo, lá estava.

Junto vinham as instruções de "como ser uma boa imigrante" sem deixar de fazer muita força, ensinando como arranjar um emprego, alugar uma casa, enfim, se adaptar ao país e introjetar os direitos e deveres implícitos em toda e qualquer permanência em território americano.

Entre as providências recomendadas estava a rápida integração à comunidade, tanto através do direito à solidariedade como do dever de servir à sociedade, rima tanto e tão porcamente quanto a atitude benevolente em relação ao outro, algo que a gente pouco pratica no Brasil.

O curioso é que um amigo brasileiro tinha me recomendado justamente isso, que eu me "integrasse" o mais rápido possível à comunidade, através de cursos, programas para a "minha idade", atividades comunitárias etc. O problema é que, apesar do meu passado de esotérica, detesto esse negócio de comunidade...

Odeio gente ao vivo, não suporto compartilhar nada na realidade, só na internet, é claro. Afinal de contas, o mundo conectado acabou transformado num imenso *shtetl* global, onde tudo se sabe e tudo se comenta, e eu não ligo para a privacidade.

E antes que algumas pessoas se declarem ofendidas, especialmente esse amigo que mencionei e que também foi meu vizinho na vida real, vou logo dizendo que alguns moradores do Vale se tornaram meus bons amigos, aí a coisa muda de figura, se é que vocês me entendem. Nem por isso deixo de afirmar que gosto de estar sozinha, nenhum humano à vista a não ser o meu afortunado marido — às vezes nem ele, devido à sua energia impositiva.

Estando, porém, na delicada situação de estrangeira, *talvez me fizesse algum bem uma tentativa de integração*, pensei. Mas tal abertura de minha parte teve um follow-up bastante lamentável.

Alan, como vocês sabem, vinha me enrolando com a obra da casa, e sua última ação procrastinadora tinha sido inventar um pedido à municipalidade para encurtar o obrigatório afastamento — meio absurdos 30 pés, o que em medida de gente dá mais ou menos uns 10 metros. Os 15 que solicitamos facilitariam em muito a constrição, ops, construção, contei no outro dia o começo da história, mas não o drama que veio a seguir.

Conforme instruções explícitas (tudo é assim nos Estados Unidos), fomos ao terreno e lá fincamos com dez dias de antecedência uma placa padrão informando que estávamos solicitando algum tipo de alteração. Quem quisesse se manifestar deveria comparecer na data e hora marcadas. O que nem desconfiávamos era de que deveríamos antes de mais nada comunicar à máxima autoridade condominial qualquer coisa que pretendêssemos fazer, ou nossas ambições seriam sumariamente podadas (esta ameaça ficou apenas implícita num breve telefonema de véspera, seguido de uma notificação por carta que chegou depois da data). Alan fez como lhe foi solicitado e enviou a nova planta de situação para o presidente do "comitê de arquitetura" — que, aliás, não inclui arquiteto nenhum, seria o mínimo, não é mesmo?

Qual não foi a nossa surpresa quando, quase na hora da audiência, adentrou o recinto uma nossa vizinha advogada, segundo ela mesma na qualidade de representante autorizada para "defender" o condomínio.

Advogada? Pô, peraí.

Maldade. Falsidade. Fiquei passada, e Alan, coitado, alterado. Afinal de contas, ele é que tinha, não exatamente "comprado", mas criado aquela "briga".

Começou a sessão. Éramos o caso número 5. Um a um fui vendo os pedidos mais estapafúrdios serem atendidos prontamente pela comissão da municipalidade, uma mesa de seis presidida por um personagem bastante simpático. Para mim era tudo teatro, ou no mínimo um aprendizado do que seria mera formalidade: nos antecederam duas igrejas, uma estação de alta tensão e um proprietário de imóvel parecendo bem humilde, mal sabendo se expressar direito, pedindo para aproximar sua nova garagem do acesso em curva de sua propriedade. Tudo concedido ali, na hora, sem firula.

Eu estava otimista. *Vai ser mamão com açúcar*, pensei, intimamente.

Alan estava bastante nervoso. Além do desafio de conseguir o que queria, ainda teria que me impressionar com sua eficácia e atuação inteligente, e isso, vamos combinar, não seria nada fácil; mais complicado ainda seria evitar que eu me metesse indevidamente em sua brilhante apresentação. Quando chegou a nossa vez, Alan disse a que vinha e eu obviamente acrescentei um ponto ou dois, me desculpando por meu inglês de estrangeira. Em seguida, foi chamada a vizinha, que veio com a absurda alegação de que a nossa modificação seria "perigosa" para o condomínio, visto tratar-se de uma rua em curva (*é mentira!*) e com muito movimento (*mais ou menos um carro a cada três horas!*). Não consegui me conter:

— É uma rua privada! Nunca passa carro nem nada!

Além do mais, alegou a doutora advogada, nossa pretensão ia contra a "estética da comunidade". E que estética seria essa? Ainda nem havíamos apresentado o verdadeiro projeto! Tratava-se de um condomínio ou de um tribunal de justiça?

Ok. Vou lhes poupar os detalhes tétricos. Mas não houve jeito de dissuadir o "juri" quanto ao perigo que a nossa causa representaria para os demais moradores, *et voilà*, fomos sumariamente rejeitados. Bastante chocados, não obtivemos a necessária maioria de cinco votos.

Custei a entender o que havia acontecido, francamente. Acho que ter recebido o ok da imigração tinha me deixado com aquela falsa impressão de invulnerabilidade, mais ainda porque três dos seis "jurados" pareciam completamente alienados, quase dormindo em "plenário", justamente os que votaram contra nós.

Um dos componentes da mesa, um advogado tributário especializado em zoneamento como descobri mais tarde, pesquisando no Google, ficou tão constrangido com a negativa que veio nos pedir desculpas pelo resultado adverso.

Alan ficou revoltado, nem quis falar com a figura "inimiga" depois do nosso sumário julgamento. Eu não estava ligando muito até aquele momento, nem tinha dado muita importância àquele negócio de afastamento, cuja possibilidade, aliás, estava agora definitivamente descartada, visto que é preciso esperar um ano para se solicitar qualquer coisa novamente. Um ano! Mas virei bicho com o que se seguiu, digo, com os idiotas dos nossos vizinhos, convenientemente autodenominados "stonies" — é isso mesmo, parecem ter fumado um, embora a maconha ainda resista estritamente proibida na careta Carolina.

Bem, nem todos, vamos suavizar. Ficamos sabendo que a nossa "mui amiga" nunca tinha sido incumbida de "defender" a integridade da nossa "comunidade" coisa nenhuma, ao contrário, tinha comparecido à audiência por conta própria.

Não importa. O simples fato de uma única pessoa ter se oposto às nossas modestas pretensões, caso único naquela tranquila tarde da comunidade de Greenville, motivou os votantes em contrário a não quererem se aporrinhar com o nosso caso nem se responsabilizar por qualquer eventual infelicidade — já que o nosso pedido primava pela "periculosidade", segundo a doutora opositora.

Escrevi uma carta desaforada e enviei por e-mail para todos os dopados do condomínio. Não tinha mais volta. *Paris, c'est fini!*, pensei comigo, já me despedindo mentalmente do sonho de Paris Mountain. Como iria viver o resto de meus dias numa comunidade que me detestava e que eu detestava igualmente?

Definitivamente, tinha começado mal a minha vida de residente, parte integrante da solidária sociedade americana.

O presidente da HOA[10] se desculpou meio sem graça, convidou o Alan para almoçar, mas Alan voltou tão irritado que nem me contou o que tinham conversado. Permanece o suspense. Quanto a mim, posso lhes garantir que o fato de contar tudo isso nesta crônica não vai facilitar em nada a minha simpatia comunitária, e não estou nem aí.

O que resultou de bom de todo esse episódio lamentável é que nossa casa será construída bem no meio do mato, e da rua nada dela se verá, nem mesmo dez centímetros do nosso infame telhado, não que eu acredite que isso acalme os ânimos do comitê de péssima arquitetura, pior, com a anuência da minha assinatura, sem que eu soubesse de nada disso na época da escritura, é claro.

---

10 Home Owners Association, vulgo Associação de Moradores.

Memórias para colorir

Confesso, hesitei bastante antes de decidir escrever esta crônica, uns cinco minutos mais ou menos. Afinal de contas, prezo bastante os meus três mil quatrocentos e poucos queridos amigos e amigas, e vários deles já estavam ficando chateados com a minha insistência em criticar em público a nova febre das multidões: os livros de "adultos" para colorir. Não consegui resistir depois que uma dessas amigas — muito mais próxima que as demais, aliás, principalmente por ser consciente e muito inteligente, além de escritora talentosa —, me enviou um vídeo que fazia pouco (pouco é muito pouco!) dessa popular "atividade antiestresse" no YouTube. E aí relaxei, me entreguei.

Cresçam! E só depois apareçam!

Os adeptos que me desculpem, mas gente grande colorindo figurinhas? Por todo lado que se olhe e veja, isso é completamente ridículo!

Alguns ainda tentaram me convencer de que se tratava de uma forma de arte, um jeito de exercitar a criatividade e com essa ilusão relaxar as tensões cotidianas, mas o vídeo na verdade conseguiu estragar tudo (sem trocadilho, vejam o vídeo e entendam se quiserem). A "coisa" em si, que eu nunca tinha visto ao vivo, era muito pior do que eu imaginava, muito mais rasteira ainda. E tenho dito.

Pior, tentaram fazer com que eu me sentisse culpada, me imiscuindo assim na vida dos outros e além do mais dando uma de superior, intelectual, capaz de ler um livro inteirinho sem nem uma figurinha sequer. Deveria, para o meu próprio bem, deixar as pessoas em paz, dar-lhes liberdade de ser, deixá-las viver à vontade, sem (a minha) censura. Quase conseguiram que eu visse a mim mesma como uma pessoa horrível, destas que nunca postam fotos de gatos, sabem como é. Monstro!

Cá entre nós, não é nova essa preocupação com um tipo de situação que infantiliza os adultos sem que estes realmente percebam, convencidos de que estão fazendo o seu melhor. No livro que estou editando, por exemplo, sobre hermenêutica ontológica — é, palavrão —, a gente aprende que era o que mais incomodava a Paulo de Tarso, ele mesmo, o "marqueteiro" do cristianismo — ops, desculpem —, para quem, depois do advento de Cristo, os homens "são agora filhos de Deus que atingiram a maioridade, não são mais adultos infantilizados" (Gl. 3:25).

É. Podem acreditar, não é nada cristão se deixar levar desse jeito pelas "coisas dos homens", principalmente dos homens que só pensam em faturar.

Fiquei tão abalada que não conseguia deixar de pensar naquela patacoada. Acharam o termo antigo? Pois é. Alan me informou, solidário como um bom marido, que também bastante antiga é essa mania idiota de desenhos para colorir. Começou nos anos 1950, antes de eu nascer, pasmem, até dá pra entender.

Depois de anos de uma guerra horrorosa, era um mundo muito necessitado de hobbies pós-traumáticos, como, aliás, o nosso de hoje, com o terrorismo islâmico tomando conta dos nossos sonhos mais caros como vi na TV ontem à noite. Baseava-se frouxamente na ideia de que Leonardo da Vinci desenhava um rascunho e numerava as partes com os números das cores para seus aprendizes preencherem com tintas (eu tinha escrito "pintarem", mas apaguei), não me culpem se essa história for pura invenção, já que o gênio de da Vinci dá margem a tanta especulação.

O mote era: "Pinte uma tela a óleo na sua primeira tentativa".

Tocava, como toda boa propaganda, uma corda sensível no íntimo de cada um: todo mundo sonha em ter certas aptidões artísticas, sabem como é, poucos se conformam com seu parco talento de apertadores de botões. Ou teclas. O problema de tudo isso é que mais tarde se descobriu (eu só descobri ontem) que a febre toda havia sido fabricada desde o início: a fila de pessoas que se acotovelavam para adquirir a novidade na porta do Macy's era toda comprada, quer dizer, todos haviam recebido dinheiro para isso: ficar naquela fila, desejando ardentemente adquirir com o dinheiro dado um produto que na verdade estava encalhado — velha história.

Deu certo. O empresário preocupado havia investido quinhentos dólares na empreitada, um quase nada se comparado aos milhões que amealhou, algo mais ou menos parecido com celebridades que pagam um monte de gente para adquirir seus livros, ou resenhas falsas publicadas na Amazon, ou...

Caramba. O mundo está cheio dessas maldadezinhas de gênios do marketing, e boa parte delas é originária dos Estados Unidos.

Alan me contou essa história toda muito revoltado, dizendo que vocês, *"fucking assholes"*, estão sendo vítimas do "bambolê do mundo das artes". Ela havia tocado uma corda sensível bem no seu íntimo, algo sagrado que ele nunca tinha comentado.

— Meu pai adorava essa porcaria! Era um idiota!

Nunca havíamos falado nesses termos cruéis do falecido Daniel. Fiquei chocada.

Afinal de contas, o homem que nunca foi meu sogro havia morrido muito jovem de complicações de febre reumática, e a única coisa que eu sabia dele até hoje é que havia sido a primeira pessoa dos Estados Unidos a fazer uma cirurgia de "coração aberto", saíra até no jornal. Ah, e sabia também que havia inventado as latas para refrigerantes — *can o'pop* —, mas não até o ponto de vislumbrar aquele anelzinho que se puxa para abrir sem abridor — gênio pela metade, se é que vocês me entendem. Tivesse vivido mais um pouco e talvez tivesse chegado lá, vai saber! Estaríamos milionários!

Pois é. Alan e eu somos unidos até mesmo pela tragédia da orfandade precoce: eu tinha vinte anos, ele apenas quinze, quando perdemos nossos pais, eventos verdadeiramente traumáticos que marcam a vida da gente. E que, no frigir da mente, nos transformaram nessas pessoas sarcásticas, desagradáveis e com ar superior. Intolerantes. Intragáveis. Fazer o quê.

E aqui cabe outra confissão: nunca me senti ridícula de jeito nenhum balançando o *derrière* no meio da rua em Belo Horizonte com aquele aro de plástico colorido em torno dos quadris girando sem parar para não deixar cair, ufa; mas eu era uma menina, dá pra entender, tudo o que eu queria na época era manter aquela coisa rodando. Além do que, todo mundo estava sacudindo o seu bambolê, quem seria eu para destoar, não é mesmo?

CHROMEPROMETIDA

A crise desta semana, ainda sob o impacto do último édito do amado Mágico de Oz aliviando o peso da vigilância do Estado americano sobre seus cidadãos e até governos estrangeiros, aí incluída a nossa ofendida Dilminha, vem complementar nossa nítida impressão, nossa crescente conscientização de que "não estamos mais no Kansas", plural majestático, é claro.

Não me levem a mal. Não é que eu seja contra a maior liberdade e menor vigilância, nada disso, mas, cá entre nós, hoje em dia tudo tem um preço caro que devemos pagar.

Enquanto os compatriotas se horrorizam com a incontrolável derrama de escândalos na Pátria Abandonada, do lado de cá fiquei horrorizada com a ingerência e violência deste Estado inflado contra Aaron Swartz, um geniozinho judeu de Harvard desses que com um estalar de dedos revolucionam nossa experiência diária — no caso de Swartz, uma espécie de "hacker" bem-intencionado, um "hacktivista", se é que isso existe. O filme que assisti quer nos convencer que sim.

A grande contribuição de Swartz para a liberdade na internet, que acabou sendo igualmente sua sentença de morte, foi perceber que estudos financiados pelo governo terminavam irremediavelmente distantes do acesso público, intermediados por sanguessugas conectados que cobravam uma taxa considerável por algo que em tese (sem trocadilho) já teríamos pago, visto que os recursos para tais pesquisas aqui nos Estados Unidos são gerados pelos impostos — altíssimos, aliás, o leão local é voraz. Daí que numa ação ao mesmo tempo ousada e transgressora, mas também ligeiramente criminosa (muitas vezes a fronteira é tênue), Swartz baixou em seu computador centenas, milhares de teses armazenadas no JSTOR — biblioteca digital acadêmica americana — e as disponibilizou para quem quisesse ler. De graça.

Outra coisa meio bacana que Swartz fez foi ter impedido o congresso americano de pôr, não uma, mas várias moscas na nossa SOPA, trocadilho terrível que só faz sentido em português, para variar: SOPA (Stop Online Piracy Act) é o nome de um projeto de lei, rejeitado devido ao ativismo de Swartz, que pretendia "controlar" a violação de direitos autorais online, pelo que entendi controlar demais, de um jeito que inviabilizaria vários sites que amamos, como a Wikipedia, por exemplo, da qual o próprio Swartz foi editor.

O caso é que nem todos esses meninos com sabedoria de hackers são pessoas do bem como esse aparentemente ingênuo Aaron Swartz, que sob o peso da investigação oficial acabou se enforcando aos 27 anos, em seu apartamento do Brooklyn, Nova York, em 2013. Na verdade, muito poucos, e aprendi isso esta semana do jeito mais difícil.

Claro que essa farra toda de ter escapado a tempo do crescente descalabro tupiniquim para usufruir do primeiro mundo tem seu custo elevado, e não estou falando do aluguel do apartamento nem da construção civil, muito menos dos honorários de advogados dos quais até hoje consegui escapar com louvor.

Aqui chegando, minha primeira providência foi me desforrar daquela frustração comum a quase todos os brasileiros: o preço alto de um computador. Como meu Dell já andava meio mal das pernas, travando a toda hora, entramos no Staples da esquina e adquirimos um super Toshiba, mas isso eu já contei. Ainda na primeira semana, instalando os softwares e aplicativos e preparando a "máquina" para o batente, decidi baixar da web umas fontes que estavam faltando na nova versão do InDesign.

Ah, gente, pra quê. Logo fui tomada de assalto por uma praga que se não esfaqueia, esfola, o tal vírus "Tiny Wallet". A coisa se enfia nos intestinos da máquina de uma tal maneira que você nunca mais consegue se livrar, pensa que apagou tudo, mas de repente, *voilà*, a praga incubada ataca novamente. Foi meu "desvirginamento" internacional, e até hoje venho lidando com as consequências desse estupro virtual, que, como ensinou mamãe, "botei nas costas" e tentei esquecer.

Fast forward sete meses depois, e na semana passada meu computador começou a ter um comportamento errático, eu não sabia por quê. A busca no Google volta e meia era interrompida, e de repente recebi um aviso de que "havia me excedido nas pesquisas", uai, que negócio seria esse? Tais pesquisas são a *pièce de resistance* do meu trabalho diário, já que carinhosamente apelidei a minha técnica de "edição Google", algo impossível há poucos anos.

Consultei meu mano Caetano, que é também meu "mestre de web" mineiro e a quem recorro nas piores emergências da internet. Ele me aconselhou a tomar algumas medidas de segurança, desconectar do Chrome, desligar o computador, entrar de novo, mas nada ajudou. Fui levando, com a máquina a cada dia mais estranha, até o iconezinho do Chrome na barra de ferramentas tinha sumido.

Ontem de manhã percebi que meu Word estava igualmente esquisito. Começaram a aparecer uns caracteres orientais na barra de fontes, e quando eu contava as palavras em determinado texto vinham discriminadas aquelas "em caracteres asiáticos", mas o que seria isso? A definitiva invasão da modernidade pela China?

Não era o pior. Descobri que nem o Skype nem o Word estavam permitindo conexão com a web, e isso estava me atrapalhando, pois impedia as constantes atualizações e até a instalação de uma ferramenta de revisão em grego de que eu estava precisando no momento.

E então o Chrome, aparentemente fracassando numa tentativa de atualização, me convidou a conhecer as "novas instalações de segurança do Google".

Surprise, surprise: havia três computadores estranhos usando a minha conta! Três! Todos em território americano, no Oregon!

Bem, para encurtar a história, fiz tudo o que me foi recomendado e no momento os invasores foram defenestrados. Tudo voltou ao normal, e com a reinstalação do Word a invasão chinesa também foi combatida. Foi uma trabalheira danada, todas as senhas tiveram que ser trocadas, dia típico de "inferno virtual", fora o medo de todo o meu pecúlio ter-se evaporado, pensam que estou exagerando? Como disse uma amiga aí de Facebook, comentando o esfaqueamento de certa estilista no Rio, "pensam que estou vendo Big Brother demais"?

Pois saibam que aqui nos Estados Unidos o "roubo de identidade" é um crime tão comum que o seguro contra tal modalidade é anunciado na televisão. Alan, que já era histérico no Brasil no que se refere à atividade online, está muito pior, pois vários de seus medos estão justificados.

Agora me pergunto: considerando tudo isso, será que Obama foi mesmo um sábio justo ao diminuir a vigilância online sobre os cidadãos? Será que o filme criticando como bárbaro abuso da lei o triste fim de Aaron Swartz está mesmo fazendo a coisa certa? Ou tudo não passa de incompetência oficial, de um vasto equívoco com tintas de justiça, como a fracassada e perigosa atuação americana no Oriente Médio?

Não sei. O que sei é que embora haja a cotidiana possibilidade de doravante trilharmos sem grandes sobressaltos a famosa estrada de tijolos amarelos, cada vez se tem menos certeza de quem amealhará o pote de ouro debaixo do arco-íris.

Parafraseando Riobaldo, viver é muito perigoso, tá doido, sô, ai que cansaço.

***

Para ser justa, enquanto escrevíamos (!) a crônica o *New York Times* anunciou como "última notícia" que a administração Obama, secretamente e "sem consultas públicas", na verdade ampliou suas atividades anti-hackers através da N.S.A. Por outro lado, os chineses estão sendo acusados de fazer uma maxi-invasão nos computadores do governo dos Estados Unidos, roubando dados registrados desde 1985, imaginem. Que mundo!

Isso, pra nem confessar que descobrimos que os malditos do Oregon (mas Caetano disse que também podem ser da China, profética, eu) usaram meu e-mail ilegalmente e fui bloqueada como *spammer*.

NEM TODA FORMA DE HORROR VALE A PENA

Amei este artigo. Apesar disso, foi difícil ler até o final, assim como é difícil engolir toda essa propaganda sobre "transgênero". Estamos tornando nossa experiência humana tão complicada e insuportável que daqui a pouco todos aspiraremos a ser macacos, ops, será que fui preconceituosa? Desculpem. Como uma "mulher-desde-o-berço" e uma autêntica "ela" (por falar nisso, como escritora adorei o neologismo "elea"[11]), adoraria que pudéssemos nos concentrar em questões cruciais, como, sei lá, arte, filosofia, reflexão profunda, tudo bem, um erotismo que não é transformado em caricatura. Desculpem. Estou com raiva. Uma pessoa, sim, nasce com um gênero. Poucos de nós costumavam ser chamados "hermafroditas" (tipo de anomalia e raridade biológica que os índios escolhiam para serem "xamãs", seres sagrados), como vimos mais recentemente no sensível filme argentino "XXY", e também no clássico de Pasolini, "Calígula", oi? Quem é esse tal de Pasolini aí? Um ativista transgênero? (Carta enviada ao *New York Times* a respeito do artigo "O que faz uma mulher", em 7 de junho de 2015)

Vamos combinar, com toda a passeata gay em São Paulo (aconteceu alguma coisa lá, não sei bem o quê) e toda a "agenda editorial" da mídia, pelo menos do *New York Times* —

---

11 A carta foi escrita em inglês, então ralei para traduzir a mim mesma para o português, para variar. Em inglês a questão do gênero na escrita é bem marcante, e o ótimo neologismo original da autora é "hirself".

jornal dito sério dando um destaque excessivo para a "transformação de Caitlyn Jenner" — o assunto teria passado em branco para esta cronista... não fosse a rejeição do meu comentário no mesmo *New York Times. Rejeição*, aliás, mais tecnológica que pessoal, pois quando consegui terminar a breve mensagem em inglês para o jornal os comentários já tinham fechado e, bem, apesar de umas 789 pessoas terem comentado, aparentemente a coisa não foi adiante nas "cartas para o editor". Isso, para nem mencionar a aparente decadência do Império Americano atualmente em curso, segundo o Alan apenas uma estratégia para distrair a nossa mente dos verdadeiros problemas.

Ops. Será que mirei num alvo e sem querer atingi outro? Será que todo esse movimento é para provar aos ativistas que estando plenamente aceitos — sem sofrer nenhum tipo de rejeição pública, digo — já podem se calar e se recolher em paz a seus lares e seus pares?

Não funcionou bem assim. Acompanhei os comentários, e a grande maioria era contra esse estado de coisas em que todos devemos enaltecer a raridade querendo se alçar à categoria de normalidade.

E já que me meti nesse furdunço de fazer gosto, terei que manifestar a minha opinião. Toda essa questão de "transição", na verdade, não se aplica a gente com problemas de gênero de verdade, do tipo, para ser franca, que trazem no mesmo corpo um pênis e uma vagina tendo (ou não) que optar por um ou por outro como o personagem do filme argentino, mas de homens que gostam de pintar as unhas e de se vestir de mulher, ou também o contrário, para que não me acusem de "sexista": mulheres que gostam de amassar os seios e se vestir de homem.

Não é o pior, ou estaríamos apenas discutindo uma questão de comportamento, e, francamente, cada um que se comporte do jeito que quiser. O caso se torna mais grave quando, mesmo não chegando ao ponto da cirurgia castradora, leva a pessoa a se envenenar sistematicamente com altas doses de hormônios injetados simplesmente para satisfazer uma psique problemática, porque, pão-pão, queijo-queijo, quantas dessas pessoas não são nada mais do que homossexuais normais, mas com um "desejo" a mais?

Fica mais curioso ainda quando o homem que vira mulher se apaixona por uma mulher que virou homem, nesse caso a coisa seria o quê? Nem Tim Maia explica.

A questão é que quando uma questão como essa atinge a grande mídia, tendemos a pensar que de perto "ninguém é normal", ou, ao contrário, é tudo normal. Mesmo se automutilar ou se entupir de drogas inadequadas ao seu mal, oh, desculpem a minha falta de tato.

Embora não pareça ser este o fato, aproveitando o ensejo que hoje (sim, escrevo às sextas-feiras) é dia dos namorados no Brasil, o que deveria ser explicado como o "dia oficial do amor", ou pelo menos dos enamorados, o que quero discutir é a falta de amor, ou, por outro lado, como esses pobres-coitados resolvem depois de transformados a questão do verdadeiro amor, que como tudo mundo sabe é a única coisa que no final interessa. Amar. Ser amado. E seguimos apaixonados.

O que eu queria mesmo apontar é que justamente nesta semana dos namorados (que para mim é a verdadeira, ainda não me adaptei ao tal dia dos namorados por volta do carnaval, como Alan nunca se adaptou à nossa data romântica por volta do dia dos pais, entenderam?), por coincidência ou não, esbarrei na mesa de edição com um dos mais importantes romances da literatura brasileira, que, aproveito para confessar, nunca me animei a enfrentar, uma mancha na minha cultura? (Guimarães Rosa escrevia assim, gostava de afirmar um fato consumado fazendo uma pergunta). E dentro dele uma das mais românticas declarações de amor que já li... um amor que, embora não tenha terminado desse jeito, por quase todo o texto correu o risco de ser um daqueles amores que antigamente eram massacrados, mas hoje são endeusados.

Deixei meu corpo querer Diadorim; minha alma? Eu tinha recordação do cheiro dele. Mesmo no escuro, assim, eu tinha aquele fino das feições, que eu não podia divulgar, mas lembrava, referido, na fantasia da ideia. Diadorim — mesmo o bravo guerreiro — ele era para tanto carinho: minha repentina vontade era beijar aquele perfume no pescoço: a lá, aonde se acabava e remansava a dureza do queixo, do rosto... Beleza — o que é? (...) Ele fosse uma mulher, e à-alta e desprezadora que sendo, eu me encorajava: no dizer paixão e no fazer — pegava, diminuía: ela no meio de meus braços! (*Grande sertão: veredas*, 1937)

Toda a ironia da situação (não é *spoiler*, mas o segredo mais divulgado da literatura brasileira) é que o jagunço machão se via irremediavelmente apaixonado pelo outro jagunço ao seu lado (e não podia aceitar isso, por "preconceito", educação, "manipulação social"), que, na verdade, era uma mulher travestida de homem porque gostava de guerrear, ou outro motivo qualquer que talvez seja explorado no livro, e só na morte o tal segredo (que, vamos combinar, vazava para tudo quanto era lado) é revelado. Tarde demais.

Talvez, e isso não creio que Rosa tenha arriscado, Diadorim preferisse amar uma outra mulher, ou tivesse medo do pau levantado, sei lá, não querendo sexo com o colega apaixonado nem pintado de dourado. Entendo muito bem a dor do pobre Riobaldo, que dela sofria mesmo sem saber do que se tratava, uma coisa que nenhum desses artigos e bombásticos recados aborda em momento algum: a atração habitual que se processa entre um homem e uma mulher em alguma camada sutil da consciência, uma espécie de aura, cheiro, feromônio, coisa de animal.

Tudo isso escrevo (e sinto), claro, porque sou uma reles heterossexual, fazer o quê. E também por ter considerado que o clássico de Guimarães Rosa aborda a questão de um jeito muito mais sofisticado, profundo, sentido, erótico — eu quis escrever humanizado, mas me acovardei, porque a grita seria grande, e outro termo tão justo não encontrei, um problema comum ao nível das capas de revista.

E para concluir a história, vou simplificar um bocado:

esse pessoal que anda por aí querendo a qualquer preço (ou custo) ser valorizado coloca seu problema de um jeito superficial demais da conta, na conta de esmaltes, cintas e brocados, e por conta disso não leva de mim nem um centavo. Só desejo que sejam ignorados.

Resta uma nota confessional, mais um vexame relativo ao meu nível cultural: amarguei uma dúvida se o filme mencionado na carta ao *New York Times* era mesmo o "Calígula" de Pasolini (1979) ou na verdade o "Satyricon" de Fellini (1969), saudades do tempo em que o cinema era mesmo a sétima arte, e quais eram mesmo as outras seis?

O APERTO DO CERCO ELEITORAL

Se existe uma sensação incômoda nesta vida é quando se tem uma forte impressão a respeito de alguma coisa que contraria o senso "comum", ou, pelo menos, a óbvia opção da maioria. Como agora, nesse caso violento do assassinato de nove pessoas numa comunidade negra em Charleston, na Carolina do Sul, imaginem, pertinho daqui.

O "sul profundo", que pode ou não incluir a Carolina, onde estou morando, é considerado por sua herança do "cinturão do algodão" como uma panela de pressão sempre prestes a explodir, embora, no dia a dia, como já disse, eu não sinta que estou vivendo num lugar racista. Machista, sim, mas... seriam as duas coisas relacionadas para além da rima? Tudo bem, talvez eu esteja iludida.

A triste verdade é que o ser humano tende, de um jeito ou de outro, a excluir de seu círculo de preferências (nem sempre de convívio, como no caso de homem e mulher, ou a raça humana estaria extinta) o diferente de si, seja por sexo, religião ou cor de pele. O lado terrível de todo esse componente altamente combustível é a possível (e provável) exploração política com base na adulteração, nem tanto dos fatos, mas de seus motivos.

Creio que é o que está acontecendo. Tem certas coisas que como estrangeira eu não entendo, embora em 10 anos de casamento intercultural já tenha acumulado certo entendimento internacional. Afinal de contas, este é um lar politizado, e frequentemente muito polarizado.

No outro dia, por exemplo, Alan disse que seria um bom caminho a ser explorado se eu me dispusesse a escrever sobre a política americana, agora que as tensões eleitorais começam a se acirrar: dentro de um mês e meio ocorrerá o primeiro debate presidencial para 2016, desta vez limitado à miríade de candidatos apenas do Partido Republicano, e tenho prestado atenção, tenho até gostado da visão da mesma Fox News que eu odiava à época da primeira eleição de Obama. É, as coisas mudam.

Brinquei com ele que desta vez não teria a mesma graça (pra quem não sabe, escrevi um livro sobre a primeira eleição de Obama, francamente a favor do presidente, enquanto Alan era radicalmente contra), pois a princípio estamos de acordo em várias coisas, entre elas a conveniência de se eleger um republicano, apenas não está claro qual. Quase todos até agora têm mais defeitos do que qualidades, mas tirar os democratas do poder, principalmente se a candidata for mesmo Hillary, tornou-se uma prioridade tão grande, guardadas as proporções, quanto tirar o PT. Vamos torcer para que não venham as mesmas consequências, pois de absurdos o mundo está tão cheio que já nem os comporta mais.

Voltando ao assunto principal desta crônica, que eu ainda não disse qual é... talvez porque esteja hesitando, é curioso constatar a tendência que as coisas têm de se revelarem o contrário do que delas se esperaria, por exemplo: o país que elegeu Obama, o primeiro presidente negro, era não sei quantas vezes menos preconceituoso do que o país que hoje se depara diariamente com a carta racista sendo jogada a torto e a direito, que negócio estranho seria esse?

O (mau) exemplo vem do alto. Michelle Obama, quem diria, andou se lamentando para um público de estudantes — o futuro do país — sobre o quanto teria sofrido discriminação na Casa Branca depois de para lá ter se mudado, segundo ela na "forma de uma obrigação de demonstrar aos críticos em potencial que saberia como se comportar, apesar de ser negra" (livre interpretação, pois já não me lembro do texto exato que ouvi na televisão), mas, cá entre nós, nunca ouvi esse tipo de crítica, e mesmo que alguma houvesse por baixo dos panos, não é ela a senhora da casa? Não atingiram ela e seu marido o grau máximo de poder no mundo ocidental, a eles concedido por escolha da vasta maioria? (Me refiro à primeira eleição, em 2008, quando Obama era o grande *darling* da mídia e do mundo, embora tenha perdido o posto hoje em dia, e por demérito próprio.)

No fundo, no fundo, não importa que preconceitos a tenham ferido, porque quando Madame Obama sobe ao palco de uma universidade para proferir um discurso, não é uma simples ativista de direitos dos negros que ali está, mas a toda-poderosa FLOTUS (*First Lady of the United States*, Primeira Dama dos Estados Unidos), uma prova viva de que este país como um todo não tem preconceito contra negros, ou estou ficando maluca?

A verdade é que, desde que Obama se tornou presidente, não ocorreu a esperada levantada na autoestima dos negros (desculpem, mas não vou cair nessa de afro-americanos), mas sim o contrário. E dia após dia a questão racista vem sendo revalorizada, eu até apostaria que interesses escusos a têm mantido acirrada, só não sei bem interesse de quem. Porque se for apenas intriga da oposição — leia-se republicanos, conservadores, brancos elitistas —, vamos combinar que Obama tem feito o jogo deles direitinho, e isso é um motivo a mais para eu ter desgostado dele mais ainda, pois considero um crime contra a humanidade ter reacendido essa chama malvada que andava quase apagada, seja através da manipulação da manada, ou da política governamental de paternalismo explícito, estratégia que nunca deu certo em lugar nenhum.

O que sei é que a crise está se aprofundando, e os focos de violência racista se alastrando para além do controle da polícia, posta na berlinda não como um instrumento da segurança pública, mas como agente provocador dessa mesma violência, devido entre outros fatos à morte (provavelmente) acidental de um rapaz negro em Baltimore no mês passado, ou retrasado, sei lá, perdi a conta já.

É tanta coisa com que se lidar que a gente perde também a noção da coerência, me desculpem o assunto árido da crônica, que me foi empurrado goela abaixo com os assassinatos de Charleston na última quarta-feira.

Igualmente curioso é Obama ter levantado a hipótese de o crime ter sido provocado pela facilidade do porte de armas local, justamente quando o direito a portar armas de fogo tem sido ressaltado e reafirmado pela mídia conservadora e pelos candidatos da mesma ala (ou laia, diriam alguns). Francamente, parece coisa orquestrada. Mas nós, brasileiros, sabemos muito bem que se uma pessoa anda mal-intencionada não será impedida de fazer o que quer, cometer o crime que quiser, por ter a posse de armas dificultada, ou não haveria violência no Rio de Janeiro, por exemplo.

Já quanto à razão de o assassino em massa ter escolhido matar negros, e não brancos ou amarelos, podemos tecer algumas hipóteses, nenhuma delas afetando o motivo crucial, que é seu estado francamente demencial: só um louco sai armado à rua para matar várias pessoas de uma vez, como já ocorreu inúmeras vezes nos Estados Unidos, onde massacres do gênero são quase uma prática cultural, infelizmente. E agora considerem esse violento — e violentamente instável, imagino — pós-adolescente de vinte e um anos, há pelos menos seis, isto é, desde os 15, sendo incentivado a odiar negros por poderes que não desejo nomear. Em que tudo isso poderia resultar? Que isso esteja sendo usado para as pessoas se sentirem ameaçadas como vítimas de um grande evento racista é um favor para o matador, que estava "planejando" começar uma guerra civil. Estamos colaborando com este objetivo.

Não tenho a solução, mas tampouco me meti a ser presidente da nação. E se este presidente que aí está falhou em tudo, até mesmo em defender seu país de um mal nacional em nome do qual conseguiu se eleger, mas que, à época de sua eleição, estava mais latente do que real (e não custa repetir, ele mesmo é a prova viva disso), então ele será capaz de quê? Se está em busca de um legado pra chamar de seu, que legado acabará sendo esse? O de um presidente negro, que em vez de unificar a nação fez questão de dividi-la, para depois acirrar a divisão? Que em vez de proporcionar um bom exemplo aos seus "irmãos", usou seu poder para enfraquecê-los mais? Mas que droga de paradoxo seria esse?

A questão é complexa demais para ser tema de crônica, sim, reconheço. E enquanto perco meu tempo escrevendo, o poder da situação, amparado pela mídia sedenta de ação, já se aproveitou do clima de lamentação para qualificar a atuação do delinquente como "crime de ódio racista". Já estão dizendo que a igreja atacada era um ícone na luta pela libertação dos escravos (por ironia do destino, ou não, na sexta-feira, dois dias depois do crime, comemorou-se a libertação dos escravos nos Estados Unidos), que foi palco de um discurso de Martin Luther King, e por aí vai, mais um degrau deplorável na escalada rumo a uma sociedade dividida. Triste fim de um projeto de mudança.

Alan, por seu lado, levantou-se bem cedo e foi ao correio renovar seu passaporte vencido, já se preparando para a tal guerra civil.

Em tempo, o fato de eu considerar o criminoso de Charleston um louco não quer dizer que acredite que ele deva usar essa desculpa para se safar de uma punição. E a dele não será pequena: a Carolina do Sul tem pena de morte, e está considerando aplicá-la.

CATACLISMAS, CARNAVAL

Para C.

Eu já ia com a crônica a meio caminho quando o assunto se perdeu, tinha até título já, muitas vezes a parte mais difícil: "O crepúsculo de Caetano".

Vou explicar. Como não moro mais no Brasil, de duas uma: ou fico por fora dos temas mais atuais, aqueles que nem sempre estão nos jornais, ou me sinto já desligada de uma desgraça ou outra, e sabe Deus que desgraça pouca não tem sido nenhuma bobagem ultimamente. Vai daí que vez por outra um amigo mais chegado me manda um recado, um problema mais sério que pode ter me passado despercebido, ou que saiba que é de meu máximo interesse — como, por exemplo, o caso de Caetano Veloso no último fim de semana.

Pelo que ouvi, Caetano teria recebido um polêmico pedido de Roger Waters para cancelar sua participação num show em Israel no final de julho. Como todo mundo sabe, os liberais progressistas deste mundo acham bonito advogar de graça (ou muito bem pagos) do alto de seus palcos iluminados e camarotes recheados em favor das vítimas e minorias, e para eles, no caso do conflito Israel x palestinos, estes (des)favorecidos seriam obviamente os palestinos.

Não poderiam estar mais errados, mas não ligam para o conhecimento, uma atitude que tem se tornado cada vez mais corriqueira. O grande escândalo da semana nos Estados Unidos, por exemplo, é que, motivado aparentemente por algum escuso motivo financeiro, um sujeito aí, *persona non grata* na Casa Branca, influenciou por e-mail as decisões de Hillary Clinton à época da intervenção americana na Líbia que resultou na morte de Muammar Khadafi, ufa, não vou entrar nesse mérito que vocês já devem estar bodeados com essa confusão estrangeira.

A questão é que a figura citada de Líbia não entendia nada, e também aparentemente (porque hoje em dia ninguém pode ter certeza de nada) a morte de Khadafi foi mais uma dessas desgraças de Pandora que acabam resultando no efeito oposto ao desejado — como o enforcamento de Saddam, outro exemplo, que ao final da maldita guerra do Iraque liberou os demônios que hoje conhecemos por ISIS. Todos farinha, embora de sacos muito diferentes.

É. O mundo está muito complicado. Cada vez mais menos gente sabe do que está falando, e nem por isso deixa de falar pelos cotovelos. O lado triste é que muita gente sensata acaba dando para trás, como uma amiga minha, por exemplo, que no ano passado não resistiu à pressão contra suas opiniões na internet e acabou se retirando, nunca mais a ouvi brilhantemente ponderando. Uma perda.

Esta semana, por exemplo, o ícone do conservadorismo americano Bill O'Reilly declarou em seu programa diário que "a internet é um esgoto do qual faz questão de se manter afastado", não sem logo em seguida informar ao telespectador que poderá visitá-lo em seu site billoreilly.com e mais uma meia dúzia de endereços na web. Contraditório, não?

Eu, por mim, devo boa parcela das minhas atividades diárias às oportunidades abertas pelo advento da internet, e embora esteja no momento muito necessitada de uns dias de férias longe do computador, dificilmente me recolherei ao silêncio de uma privacidade desconectada num futuro próximo. Resisto. A vida, como vocês sabem, é combate, que aos fracos abate, que aos fortes, aos bravos, só pode exaltar. Mas isso tem sido exagerado demais ultimamente, vamos combinar.

Voltando a Caetano, que ficou lá para trás. Meu amigo estava muito indignado, porque, cobrado a respeito do pedido de Waters, Caetano teria chegado a declarar em seu show em São Paulo "Israel, não, Palestina, sim" para milhares de pessoas, e a imprensa teria dado destaque à notícia numa atitude claramente anti-Israel como se tornou moda nos últimos tempos. Mas no dia seguinte li a carta que o cantor escreveu a Waters dizendo que "tinha muitas dúvidas a respeito de tema tão complexo". Meu amigo insistiu, disse que Caetano tinha se acovardado, mas na verdade não sei a sequência exata, ovo-galinha, show-carta, então concedi ao cantor o benefício da dúvida.

Sua declaração na carta, a meu ver, foi muito adequada, pois o tema é realmente complexo, e dificilmente alguém que não esteja envolvido emocionalmente, como eu e também o meu amigo, vai querer se aprofundar para entender o que realmente acontece naquele pedaço explosivo de mundo onde está encravado um núcleo de primeiro mundo. Um núcleo que conta com a maior criatividade tecnológica que este planeta já viu, é, estou falando de Israel, um país democrático onde cada um fala o que quiser, onde e como quiser, na lata, doa a quem doer, porque, como todo mundo sabe, onde há dois judeus há três partidos políticos — eita povinho politizado, sô, e eu não nego a raça.

Isso não impede ninguém, é claro, de se manifestar violentamente contra algumas coisas e a favor de outras, ao sabor da manipulação da mídia que, como pouca gente sabe, não serve à verdade, mas ao dinheiro, como tudo o mais. O que me preocupa é que está todo mundo, e nisso me incluo, ficando viciado numa realidade hiperpolarizada. Não passa uma semana, como vocês têm visto, sem que eu tenha um assunto polêmico e trágico para discutir... serão os fatos ou serei eu?

Sei lá. A vida está mudando e (não) somos obrigados a acompanhar.

Enfim, vou contar uma historinha. Fazia todo o sentido eu ter intitulado a crônica, aquela outra, "O crepúsculo de Caetano", uma clara referência à icônica ópera de Richard Wagner de nome bem parecido. Wagner, como todo mundo sabe, era adorado por Hitler, considerado pelo nazista como a verdadeira alma da cultura alemã, e era mesmo. O problema é que depois da guerra, com o espirito imensuravelmente ferido, os judeus que sobreviveram e foram para Israel. Ah, é, Israel, na época um protetorado britânico, foi entregue aos judeus para que tivessem um lar depois de terem sido dizimados num dos episódios mais vergonhosos de que a raça humana tem notícia, embora oficialmente o Irã diga que é tudo intriga da oposição e que o tal "Holocausto" nunca teria ocorrido, as ossadas empilhadas de Auschwitz sendo algum precoce efeito especial, sei lá. Pois os judeus de Israel, não custa repetir, houveram por bem tomar alhos por bugalhos e boicotar tudo o que fosse ligado à cultura alemã, e vamos combinar, não era pouca coisa: Goethe, Wagner, Mercedes, Volkswagen e *otras cositas más*, tudo proibido na Terra Prometida.

Era um sofrimento. Além de terem que lidar com suas memórias torturadas, os europeus exilados deviam se privar de sua cultura elevada em nome de uma ideologia, e ai de quem ousasse duvidar de que era a coisa certa a fazer.

Pois bem. O tempo, felizmente ou não, cura todas as feridas, pelo menos na superfície. Vai daí que na minha última visita a Israel, ainda com mamãe, para os 50 anos da "nossa" independência, houve um concerto especial no parque ao ar livre, se não me falha a memória sob a batuta de Daniel Barenboim, e no programa, pela primeira vez em 53 anos (desde 1945), os israelenses ouviriam Wagner, muita gente naquela plateia nunca o tinha escutado ao vivo. Foi emocionante.

Meu ponto, como vocês podem ver, não é exatamente o perdão, mas o perdão daquilo que no final nos machuca mais do que àquele a quem não podemos perdoar, porque não se pode passar uma vida inteira odiando.

Assim, mesmo acreditando que Caetano havia feito realmente aquela nojenta e mal informada declaração antissemi-ta (dando os nomes aos bois) em seu concerto em São Paulo para centenas de milhares de ouvintes engolirem, eu já estava intimamente predisposta a perdoá-lo, se é que vocês me enten-dem. Caetano é um ícone da minha geração, embalou tantos momentos preciosos nos quais prevaleceu a emoção, e além do mais percorreu aquela trajetória clássica dos nossos heróis da ditadura — exílio, censura etc. e tal. Ele é meu Wagner de certa forma, desculpado o exagero da comparação. Certamente, em sua solidão londrina, terá aproveitado o excesso de tempo livre para estudar melhor os funcionamentos deste mundo cruel, e isso o qualifica um pouquinho mais a se comportar como um verdadeiro humanista, não um cego e surdo, mas nunca mudo, esquerdista radical como temos tantos nesta maldita vida co-nectada.

Para sobreviver, e isso digo a mim mesma, vamos ter que aprender a relevar um pouco este cotidiano violento a que es-tamos constantemente expostos — muitos cataclismas (sic), e quase nenhum carnaval.

AMOR, CASAMENTO, FAMÍLIA

— Meu filho resolveu se casar.
   — Que ótimo! Com uma moça?
   Há pouco mais de uma semana, vamos combinar, este simples diálogo (real) seria francamente impensável. Casamento, na quadrada acepção daqueles mais caretas entre nós, era aquela antiga instituição destinada a garantir a reprodução da raça humana, uma instituição que há bem pouco tempo, aliás, passou a se basear no amor entre duas pessoas e não num acordo de negócios entre os pais para garantir também uma perpetuação dos bens e de interesses políticos e culturais, ufa. Casamento, na acepção dos mais avançados entre nós, era até bem pouco tempo atrás uma legalização do amor romântico a que nos negávamos terminantemente, a não ser em casos de emergência, como, por exemplo, garantir a estadia num país se um dos nubentes fosse estrangeiro, ou uma eventual gravidez "indesejada".
   "Casar pra quê?", perguntou minha mãe, quando aos 28 anos, feliz da vida, contei a ela que ia finalmente "desencalhar", um conceito mineiro por excelência. "Por que vocês não fogem e vão morar juntos?", ela insistiu, provavelmente com medo de que eu viesse a sofrer, ou, como disse o Alan, para "economizar o dinheiro da festa". Já morávamos juntos — eu e meu primeiro marido, digo, Alan sendo o terceiro —, mas queríamos nos ca-

sar para poder contar com uma "renda conjunta" e assim nos habilitar à compra de um apartamento. E essa experiência não deixou de ter seu caráter humilhante, quando meu sogro exigiu uma "separação completa de bens em cartório" da qual nunca mais pude me esquecer, embora, no duro mesmo, tenha sido eu, com meu trabalho duro, quem sustentou o casal enquanto o casal durou, período durante o qual qualquer ajuda matrimonial nos foi sempre negada. Nem o dentista do meu marido o pai dele aceitava pagar, e éramos jovens, para sobreviver era preciso lutar.

Nos Estados Unidos, nessa mesma época, bacana mesmo era fugir pra casar sem o "consentimento dos pais", "*elope*", no linguajar local. E mesmo assim, só para, talvez, justificar o nascimento de um filho — não faço ideia se sem o papel como garantia o novo humano seria rotulado como um "bastardo" por aqui, outra noção que há muito tempo apagamos do nosso manual de instruções sociais. Felizmente.

Sim, a moral humana evolui, mas muitas vezes deixa para trás valores morais que talvez nos façam falta no futuro, ops, peraí, deixa eu esclarecer o que quero dizer antes que me rotulem de retrógrada, preconceituosa e horrorosa por não estar empolgada, pintando meu rosto com listas coloridas como tanta gente. Acho ótimo que todos os "direitos" — e também os "deveres", claro — estejam disponíveis para todo mundo como um menu no restaurante da lei, longe de mim ter apreciado em algum momento as terríveis humilhações a que eram submetidos os homossexuais no passado: prisão, condenação a um terrivelmente nocivo tratamento de hormônios (!) e uma mais humilhante ainda exposição pública das inclinações sexuais (!), em violação flagrante do direito à privacidade (!!).

Na pacata e careta Belo Horizonte da minha infância, por exemplo, os eventuais homossexuais eram chamados de "solteirões", isto é, rapazes (as moças na mesma situação sequer eram cogitadas) que, por opção, não pretendiam se casar nem constituir família (!!!). Ninguém jamais comentava com quem preferiam se deitar.

Não me levem a mal. A caretice da Minas de minha infância sempre me fez muito mal. E então, quando me mudei para o glorioso Rio de Janeiro, fiz questão de me abrir ao mais amplo leque possível de experiências emocionais, e isso incluiu algumas tintas homossexuais, como um relacionamento amoroso de 10 anos com um rapaz gay e um breve caso com uma moça lésbica — para usar, espero que corretamente, o jargão oficial LGBT, o que, inutilmente talvez, espero que me livre do rótulo de "preconceituosa". Quero dizer, não fiz questão nenhuma desses relacionamentos, apenas aconteceram, não custa acrescentar que meus parceiros eram pessoas interessantes, brilhantes até. E este não é o assunto desta crônica, embora assim possa parecer e a determinação da Suprema Corte americana pareça estabelecer.

Fato é que acabei sucumbindo à minha heterossexualidade impositiva e contundente, e me envolvi em mais dois casamentos, ambos com homens — um deles motivado por aquela questão de nacionalidade que já mencionei e o outro restrito ao âmbito religioso, para evitar "que eu pusesse as mãos nos bens do meu marido", isso é que é amor e confiança, não é mesmo?

Pois é. Casamento, esse maravilhoso papel passado que tanta gente está festejando no momento como um direito civil primordial, era algo que considerávamos um tipo de "morte certa" para um relacionamento passional, e ainda hoje persiste uma certa impressão de que "casou, avacalhou", sabem como é. Quem entre nós não tem um caso pra contar de um casal que se amava apaixonadamente, e depois do casamento oficial passou imediatamente a se detestar? E a sonhar ardentemente com o direito de se divorciar?

O divórcio também já foi condenado entre nós, e que tremendo avanço foi sua aprovação! Embora, por outro lado, essa conquista civil tenha estimulado muitos casais a desistirem sem fazer esforço de seu amor conjugal. Lutar pra quê, não é mesmo? Amar é uma questão somente de prazer imediato, então desgostou, a fila anda, mesmo sem querer. Não se usa mais "construir uma relação".

Já quanto à família, que antigamente era aquela coisa sem graça de pai e mãe e filhos dos mesmos pais (e das mesmas mães) morando juntos enquanto cresciam e se posicionavam perante a vida, a tediosa instituição também se enriqueceu com essa pletora de novos direitos adquiridos: família boa atualmente tem que ter dois pais, ou duas mães, ou quatro pais e quatro mães mais uma dezena de filhos de combinações diferentes, numa progressão geométrica dos amores humanos. Pra nem mencionar a excitante possibilidade da "produção independente".

Tá bem. Vamos logo ao assunto da crônica, que como o próprio termo sugere, apenas registra a evolução dos costumes durante uma vida — a minha —, que para mim pode parecer bastante longa, embora não passe de uma piscadela na história da raça humana, e como tal, seja irrelevante.

O caso é que depois de velha me apeguei realmente a esse menino que não vi crescer e que quando conheci, já tinha dezessete anos, batalhando em seu próprio íntimo para se haver com dois pais uma mãe meias irmãs diversas culturas e "um eu no meio disso tudo". Como será que ele se sentiu? Não sei, e não fica bem perguntar.

Como era forte, sobreviveu. Humanos têm disso, tenho visto muitas vezes crianças criadas em condições adversas se tornarem adultos equilibrados, embora, claro, sejam exceção. E porque esse "meu filho" existe, comecei a sentir que estava formando uma família, bem além do que ditaria o meu relógio no caso de ser apenas biológico — uma coisa que nem mamãe esperaria que jamais me acontecesse —, e lá vem mais um elemento complicando uma equação social já bastante complexa antes de seu advento. Como sou muito consciente de todos esses fatores nada matemáticos que envolvem a emoção humana, estou sempre alerta para não me entregar inteiramente, se é que vocês me entendem. E aponho a mim mesma esse rótulo de "mãe postiça", faço questão.

Pois então, meu menino, ao mesmo tempo um íntimo e um estranho completo, decidiu se casar, imaginem, no mesmo dia do casamento dos meus pais. E não é só isso: a noiva — uma moça! —, a quem conheci somente esta semana — por meio de uma *"conference call"* no Skype, porque mora em outro país —, me lembrou eu mesma, filha de um pai e de uma mãe morando em casa com eles, inteligente, culta, viajada, criada a pão de ló, com os cabelos cacheados sem escova progressiva e um grande e belo nariz, amante de música clássica e das tradições hebraicas, só bem diferente de mim por não se sentir massacrada o tempo todo pela timidez na "vida ao vivo". Ponto pra ela.

Como boa parte das emoções humanas se processa na base da imaginação e da livre associação de memórias, tive que cortar um dobrado para evitar viajar na maionese, por exemplo, sair por aí comentando aquela noção de que um filho sempre procura para se casar uma mulher semelhante à sua mãe, o que no nosso caso é obviamente ridículo, pois nem o noivo é meu filho nem eu sou mãe dele. Mas fiquei contente do mesmo jeito.

Então, bem do meu jeito, e por pura coincidência ou "trama do destino", também estou neste período vital para a revalorização do casamento, festejando intimamente esta tantas vezes inútil, e muitas vezes execrada antiquíssima instituição humana. E me perdoem os reformadores, estou feliz além do meu próprio controle racional porque, provavelmente, teremos um casamento judaico tradicional, com chupá e tudo — a tenda abençoada que torna o casamento uma cerimônia sagrada. Não acredito em religião, mas que é bonito, é, de acordo com a herança cultural "isolacionista" na qual fui criada, uma conquista e uma enorme delícia, *mazal tov* pra gente e estamos conversados.

Teremos netos que serão criados num meio semelhante ao da nossa própria infância e com valores parecidos, e oxalá formaremos uma família às antigas. É o que esperamos, e se isso for pura caretice e preconceito, paciência. É o que eu sinto e pronto.

Shalom![12]

---

12 "Shalom", em hebraico, é uma palavra de uso universal, significando "oi", "tchau", "como vai" e também... "paz", um lembrete do que verdadeiramente importa em tempos de crescente antissemitismo.

UMA CULTURA DE EXCESSOS

F ala sério, eu deveria estar me preocupando com vestidos
e sapatos para me apresentar condignamente aos "*machi-
tunim*" — digo, cossogros, mas o termo em iídiche soa muito
melhor — numa próxima viagem ao Canadá, mas não consigo
tirar da cabeça as disputas do mundo entre políticas liberais e
neoliberais — estes últimos, por ironia do destino, hoje conhecidos como "conservadores", ou será que estou completamente
equivocada?

A verdade é que devo aos meus leitores uma dolorosa confissão: depois de anos me autotreinando para desenvolver uma
discreta capacidade de confiar na minha própria sagacidade, ufa,
me deparei esta semana com a crescente frustração de não estar
entendendo nada que se refira à revolução em curso. O que até,
vamos combinar, é razoavelmente normal, pois como se pensava
antigamente, para entender uma mudança crucial que rebobina as
engrenagens da sociedade como a conhecemos é preciso estudar,
pesquisar, refletir. E depois aguardar a poeira baixar e novas teorias
ganharem corpo (e prêmios) em forma de livros e teses comprova-
das. Vem-me à cabeça imediatamente a velha ideia de "capitalismo
de mercado" de Adam Smith, aquela que há mais de dois séculos
introduziu a misteriosa "mão invisível" antes de terminar largada,
empoeirada, nas melhores estantes da mídia intelectualizada.

Hoje em dia isso está fora de moda — aguardar, digo, e refletir —, assim como outra comprovada teoria mais conhecida como "cada macaco no seu galho": todo mundo quer enfiar sua colher prateada no mesmo mingau desandado da civilização, e ai de quem ousar limitar o acesso a todo tipo de informação. Informação equivocada, em boa parte das vezes.

Tenho conversando muito com o Alan, bom conselheiro como todos os maridos impositivos, e nossos debates têm ido bem além da obrigatória especulação sobre a cor dos cabelos e dos olhos dos nossos futuros netos, porque, afinal de contas, Alan duvida um pouco de que reste algum mundo para esses futuros humanos queridos ainda sem data para encarnar. Mesmo assim, não consigo avançar.

Esta semana, imaginem, descobri que havia cometido um erro terrível, vexatório: com a minha habitual segurança semanal de cronista, andei declarando que detestava as tintas esquerdistas de Alexis Tsipras, atual premier da Grécia que não sai dos sites de notícias, simplesmente porque não "ia muito com a cara dele". Mas eis que descobri, por acidente, que a "cara" que me inspirava antipatia não era a de Tsipras, mas sim de seu mal-humorado ministro das finanças! Que, por sinal, acabou renunciando depois da grande vitória do plebiscito (deixem-me esclarecer, não importa se venceu o "sim" ou o "não"; o plebiscito em si é que está sendo considerado a grande vitória de Pirro, digo, do povo grego), para dar lugar a uma opinião mais moderada, ou pelo menos mais preparada para não ser engolida na mesa de jantar de *Mutter* Europa, não sei. Porque, vamos combinar, o comportamento do ministro original me parecia bastante extremado.

Com isso, consegui o milagre de estar certa (o ministro renunciou), apesar de na verdade estar completamente enganada (não era de Tsipras que eu não gostava). O Tsipras real parece até bem simpático, mas se é competente, não sei.

O que sei é que, se estivesse guiada simplesmente pelo bom senso, grega fosse e teria votado "não", conforme declarei no Facebook num primeiro momento sem reflexão. Para descobrir, depois de dois "curtir", que na verdade teria votado "sim": sim à austeridade, à responsabilidade, a compactuar com as (duras) regras da comunidade europeia como a boa careta que me tornei. Em outras palavras, concordando com aqueles novos liberais que na verdade não são "liberais" em absoluto, mas "conservadores e tradicionais".

Julgando pelas regras habitualmente violadas do senso comum, me parece que decidir recuperar um país de uma longa e reiterada falência não deveria incluir uma disposição de gastar mais dinheiro, ou de tomar mais dinheiro emprestado, algo assim como pagar um cartão de crédito atrasado com os recursos obtidos com um cartão de crédito novo, pretendendo com isso um "novo começo" que apague os finais errados. Mas isso, como vocês sabem, só funciona para gente comum, aquele pobre tipo faceiro que ainda acredita que a melhor maneira de ganhar dinheiro é se dedicando ao trabalho — um conceito nada liberal, por sinal.

A política "liberal" a que os entendidos se referem não significa, como poderia parecer, deixar rolar para ver como é que fica, numa postura amplamente "permissiva", mas o seu contrário, isto é, forçar as coisas a tomar um rumo desejado pelo governo e teoricamente baseado no "bem-estar do povo", algo que frequentemente resulta no "bem-estar dos eleitos pelo povo" — típico cavalo de Troia, não o vírus de computador, mas o presente que os gregos nos deixaram, comumente confundido com "democracia". Entenderam?

Eu tampouco. Tenho me sentido muito por fora ultimamente, e a melhor coisa seria desistir, relaxar, deixar o mundo acontecer sem tentar me encaixar na apocalíptica performance dos acontecimentos diários; em outras palavras, recolher-me à privada ignorância e não palpitar sobre nada mais. O mundo de hoje estaria bem melhor se não tivéssemos que ouvir tantas e tão diversificadas opiniões, vamos combinar.

No nosso Brasil a coisa não está diferente. Os esquerdistas de sempre andaram impondo suas crenças de que a disposição neoliberal do nosso ministro das finanças é de sangrar o bode, ops, desculpem, sangrar ainda mais a já sacrificada vítima dos despautérios financeiros — o pobre povo brasileiro. Mas de Brasil acredito entender um pouco, e não é disso que se trata (sangrar), mas sim de encontrar um bode bom o suficiente para expiar a culpa que os verdadeiros culpados já não conseguem ocultar — o que é muito bom, pelo menos um bom começo. Embora os princípios sejam sempre mais difíceis que os inconfessados fins, para nem entrar na total falta de mérito dos meios.

Isso posto, Brasil e Grécia não sei se são tão diferentes assim, pelo menos no que diz respeito a um "governo desastroso", ou, para ser mais exata, à eleição popular de um governo que viria a ser no futuro próximo um desastre fenomenal, algo que está se tornando bastante banal nos quatro cantos do caos institucional em que a terra está se transformando. A gente precisa fazer alguma coisa rapidamente, mas o que, eu não sei.

É o exato oposto do que teríamos desejado, porque, vamos combinar, de seus males mais profundos o homem é sempre o único culpado. E não estou falando de desastres ambientais, nem dos efeitos residuais da pesada mão humana, que de invisível não tem nada, ou muito pouco — agora não só sobre os mercados, mas alegadamente também sobre a vida no planeta de modo geral.

O mal que nos corrói por dentro, porém, não é o excesso de poluição, como poderia parecer, mas sim o excesso de opinião, do qual não vejo a menor possibilidade de nos livrarmos num curto espaço de tempo, e para isso eu mesma tenho colaborado ativamente, se é que vocês me entendem.

Férias brancas

Tenho certeza de que o mundo não vai parar por causa disso, mas de qualquer maneira estou me preparando para dar uma descida.

— Você está de férias! — Alan reclama, ao me ver desalentada, grudada à dura cadeira (e à tela do computador) e coçando a cabeça (e o pescoço, e o ombro) com algum problema insolúvel à primeira vista.

Ele tem razão, bem, mais ou menos. "Proclamei" que a partir de quarta-feira (passada) tiraria uma espécie de férias, porque no nosso mundo conectado, como vocês sabem, não se pode tirar férias totais naquele estilo "ilha deserta", eclipsar-se do mundo com "acesso limitado a e-mails e celulares". De preferência, acesso nenhum.

No meu caso particular, estou numa batida seguida há exatos 19 meses, calculei assustada ontem no chuveiro. E não foi um período corriqueiro, de forma alguma.

Enquanto prosseguia na minha agenda apertada, cujo ritmo todo ano prometo a mim mesma que vou desacelerar (mas, vocês sabem, tem aquele autor que precisa do livro para lançar no congresso internacional e não pode perder a oportunidade, outro deve adicionar um novo título ao seu currículo Lattes para obter uma promoção na faculdade, aquele outro sofrerá um baque irreparável se não lançar o novo romance na data de seu aniversário, e por aí vai), vendi minha casa no Vale, um paraíso perdido na selva ética e política em que se transformou o Brasil, empacotei a roupa do corpo e parti da minha vida pregressa para um país quase estranho, sem ter em vista uma casa para morar nem sequer um colchão para me acostar, para nem mencionar uma mesa onde estacionar o quanto antes meu escritório ambulante.

Os primeiros dias foram de choque. Circulando em carro alugado e enfiada num hotel padronizado, garanto a vocês que a sensação era muito diferente de "férias no estrangeiro", uma urgência de criar uma rotina aceitável o mais rápido possível para não me exceder no atraso profissional.

O resultado é que logo que nos acomodamos retomei o trabalho do jeito que deu, enquanto nos intervalos fui me encaixando no molde desconhecido, o que incluiu requerer (e obter, felizmente) o Green Card, me acostumar ao layout (e à acachapante variedade) do supermercado, reaprender as regras básicas de sobrevivência num ambiente não hostil, mas inexplorado. Isso, num rápido apanhado, porque se eu me dispuser agora a esmiuçar tudo que fiz nesses nove meses vou ficar tão esgotada que não sairá crônica nenhuma.

Fato é que assim que tive a oportunidade e um computador conectado à internet, voltei ao Brasil. Espantados? Apaguei o entorno estrangeiro e voltei ao trabalho como se nada tivesse acontecido, por uma média de 10 horas por dia, ao cabo das quais, aí sim, me transportava aos Estados Unidos, imergindo no idioma, nos hábitos e costumes diversos, no choque do marido, que embora um cidadão retornado se encontrava completamente desconectado de sua própria realidade nacional. Para vocês terem uma ideia, Alan me recomendou que eu fosse à agência dos correios e criasse uma caixa postal para onde toda a correspondência deveria ser dirigida, algo que funcionava para ele antes da temporada no Brasil, há mais de dez anos. Mas o que resolveu de fato o nosso problema foi entrar no site dos correios, registrar nosso endereço temporário e pagar a taxa de um dólar num cartão de crédito registrado naquele endereço. Nunca mais coloquei os pés na agência que hospeda a minha caixa postal, cujo número esqueci e cuja chave perdi em menos de uma semana, deve estar jogada por aí.

Vamos combinar, o mundo real está cada vez mais complexo de se lidar. Aqui nos Estados Unidos, por exemplo, não faço a menor ideia de como conseguirei comprar um par de sapatos (meus pés são pequenos demais), muito menos encontrar um dentista ou finalmente me dispor a fazer um segundo exame de rua para obter a carteira de motorista (falhei no primeiro, lembram?). Roupas novas compro eventualmente pela internet, e se não servir ou não gostar como tinha imaginado, devolvo pela transportadora e sou reembolsada. E assim vou vivendo. Me dei conta desta radical transformação quando me vi totalmente enrolada com a conta do arquiteto recebida pelo correio; liguei e pedi que me enviasse novamente por e-mail.

Amigos? Ao cabo de nove meses, claro, fiz alguns progressos nesse sentido. A caixa do supermercado, por exemplo, não só me reconhece como sabe o meu nome, acreditam? E mais recentemente, fiz amizade com o lixeiro, depois que num domingo desses ele me encontrou trancada do lado de fora de casa tendo chegado de volta da corrida. E abusei sem dó da sua falta de senso de humor:

— Você tem alguma coisa para mim? — ele perguntou.

Sim, e pode me levar também, estou aqui abandonada, como um saco de lixo.

— O quê?

— Brincadeira! Saí sem a chave e meu marido não está em casa... como é domingo, não tem ninguém no escritório do condomínio para me dar uma chave extra — esclareci, para meu alívio já vendo Alan despontar ao longe.

Depois desse dia, entendi como era constrangedor o meu hábito trazido "de casa" de reutilizar as sacolas do supermercado para armazenar o lixo, algumas vazando e furadas, e passei a comprar aqueles sacos pretos especiais para lixo. Uma despesa extra de 5 dólares mensais, imaginem, apenas para agradar ao meu novo amigo, que, por seu lado, passou a me cumprimentar — e ao Alan — sempre que nos encontramos, mesmo fora do condomínio.

Agora, deixem eu explicar quem é o lixeiro, na verdade um *"valet waste colector"* altamente especializado que apanha o lixo na nossa porta e o transporta para o container geral do condomínio, onde a municipalidade o recolhe: bem-apessoado e com um cavanhaque bem tratado, veterano das guerras do Iraque e Afeganistão, o sujeito tem uma pick-up vermelha do ano e trabalha usando luvas descartáveis e colete de segurança impecavelmente limpo; segundo o Alan, que conversou mais com ele, se ocupa da coleta poucas horas por dia e faz mais dinheiro do que um engenheiro! Assim, até eu, adeus, KBR!

Bem, se na minha nova vida eu fracassar como lixeira de luxo, ainda posso me consolar com uma posição de caixa de supermercado, atividade na qual se empregam 9 entre 10 aposentados para fazer uma graninha extra, gente da minha idade e mais além hesitando em parar de trabalhar, não está fácil pra ninguém, sabem como é.

Mas agora chega de brincadeira. A verdade, isto é, o lado mais circunspecto da verdade, é que mesmo não tendo ainda me conscientizado plenamente de que estou nos Estados Unidos algo me aconteceu, e o ambiente em que estou vivendo tem penetrado no meu cérebro por um tipo sutil de osmose, sei lá. O que sei é que comecei a me expressar cada vez melhor e mais à vontade em inglês, apenas por escrito embora, porque na via oral continuo com aquele sotaque brasileiro que Alan odeia, e a cada episódio de extremo cansaço me deparo com um déficit de palavras cada vez maior. Francamente, ao cabo de um dia de trabalho posso estar incapaz de emitir uma só frase, tudo o que consigo é conversar em português comigo mesma debaixo do chuveiro. De toda maneira, quando escrevo agora pareço ter aberto para o inglês o "canal" de inspiração que raramente me falha em português, ser modesto é chato e não vale o preço, não é mesmo?

Então, antes que a energia acabe, vou explicar o que estou entendendo por "férias brancas": passarei as próximas duas semanas e meia me dedicando única e exclusivamente ao meu trabalho pessoal; publicarei meu livro de crônicas de 2015 e tirarei o atraso das crônicas deste ano que ainda não traduzi, pois como ambição pouca é bobagem, estarei lançando (ui) em novembro meu primeiro livro em inglês, oba. Para isso é preciso foco, e muito trabalho!

Para não dizer que as assim rotuladas "férias" passarão totalmente em branco, se tudo der certo devo terminar o período estipulado com uma breve passagem pelo Canadá, onde devo me transformar definitivamente em sogra sem dó nem anestesia (minha nora já me preveniu), com uma dolorosa injeção de contato humano ao vivo direto na veia da família. Pelo menos é esta a minha expectativa, alta demais da conta só para variar. Depois eu conto como foi.

E por hoje já está de bom tamanho. Vejam vocês que manobrei direitinho para escapar aos quase inescapáveis comentários políticos da semana, mesmo porque a intensidade global dos acontecimentos também está implorando por férias com um fiozinho de voz, pelo menos cá do lado desta cronista. Baseada em experiência pregressa, não posso garantir que vos livrarei da minha complexa intensidade escrita, como declarou noutro dia um meu leitor em prazeroso comentário; e mesmo com tudo isso, com certeza voltarei renovada à rotina de edição.

Esperamos que seja tudo para o bem de todos e felicidade geral de todas as nações, esperança na qual não acreditamos nem um tiquinho, descontado o plural majestático, façam-me este favor.

MADE IN CHINA

Minha primeira lembrança de produtos *Made in China* vem daquelas quinquilharias vagabundas nas lojas de R$1,99. Logo em seguida, daquela clássica sapatilha preta de tecido meio lustroso, bem chinesinha.

Feito na China? É *fake*, falsificado, falsa grife com certeza, copiada ilegalmente e vendida no camelô da esquina. Isso, para nem mencionar os brinquedos contaminados por chumbo e a pasta de dentes envenenada, lembram dessa?

Resultado: permeia a minha geração uma espécie de preconceito de aquisição envolvendo todo e qualquer produto fabricado na China, certamente um negócio da China. Para os chineses, é claro.

Eu deveria ter desconfiado quando começou a enxurrada de produtos eletrônicos fabricados na China, em Taiwan, para ser mais exata, embora essa distinção não faça mais nenhum sentido, ainda que uma consulta à Wikipedia resulte em mais confusão do que esclarecimento. Alan acrescenta sua prévia experiência com a expressão "feito na China" lembrando os ternos perfeitos de Hong Kong e as camisas sob medida que ele costumava encomendar quando era um *businessman* chique, coisa que custo a acreditar que ele realmente valorize depois de dez anos de Brasil reduzido a bermudas e camisetas pretas da Hering:

— Mas, Alan, naquela época Hong Kong não era chinesa, era inglesa!

— Como assim? A mão de obra foi sempre chinesa!

É verdade. E ele prossegue amparado no Google para demonstrar que a qualidade e criatividade chinesas datam de milhares de anos, me mostra o primeiro relógio criado no mundo e termina espantado com a revelação de que os guerreiros de terracota enterrados na Muralha da China portavam espadas banhadas em cromo muito antes de a cromagem ter sido inventada cá do nosso lado do planeta. Isso, sem nem mencionar a bússola, a pólvora e, obviamente, o talharim. Além do glorioso papel, é claro, embora este, na minha santa ignorância, eu prefira creditar aos egípcios.

— Mas esses não são os mesmos chineses — insisto, a partir daquela mesma premissa de que não são mais os mesmos gregos, por exemplo, ou os mesmos egípcios.

Os chineses que estão por aí no momento são o resultado do achatamento de um povo caprichosamente levado a efeito por outro de nossos heróis da juventude, o famoso Mao, lembram dele?

Enfim, a partir de certo momento, fosse por economia ou fomento, a Apple começou a produzir na China seus iPads, iPhones e outros "i"s (ui!), e vamos combinar, os produtos Apple sempre foram considerados ícones de qualidade no mundo moderno, é ou não é? Apesar dos rumores de que as placas chinesas vinham todas com um chip de espionagem embutido, passamos a consumir sem refletir milhares de produtos *Made in China*, qualquer pessoa que abrir um computador poderá imediatamente confirmar isso. Cá entre nós, não se pode sair por aí propagando que os produtos da Apple são de terceira categoria, coisa que eu mesma nunca saberia, porque ao longo de todos esses anos tenho conseguindo me proteger da Applemania. Mas sou com certeza uma raridade, dinossaura sem nenhuma possibilidade de futura conservação.

Pulo para o presente. Como vocês sabem, estou de férias, nem deveria estar escrevendo crônica, mas justamente por isso tirei o dia e fui ao shopping tentar comprar um sapato, estando a minha linda sapatilha rasinha da Arezzo quase em frangalhos.

Aquelas imensas lojas de departamento nos shoppings americanos são um pesadelo à parte, mas não faz parte desta crônica (que ao final se revelará freudiana) explicar esse fato a gregos e troianos. Em resumo, detesto ir às compras! Mesmo assim, a necessidade me fez enfrentar a realidade, e adentrei a Dillards resolvida, sem pestanejar, indo direto à seção de sapatos femininos — outro pesadelo, que feiura, nossa mãe.

Garimpando em meio ao mau gosto imperante descolei uma sandália preta simplesinha (Alan odeia as minhas deliciosas Havaianas legítimas, diz que pareço uma faxineira com elas), que daria para usar pelo resto do verão já que o outono se avizinha, oba (continuo detestando o calor, não importa em que hemisfério ele me apoquente, ui, essa foi sem querer). Vai daí que olhei na parte de baixo da sola e duas características a condenavam ao repúdio obrigatório: a sola era sintética (o eufemismo atual chama de "*man made*"), e a danada da sandália era *Made in China*.

Mamãe, de saudosa memória, me ensinou duas coisas: nunca se deve comprar um sapato com a sola sintética porque o pé esquenta muito; e nossos pés (quase chineses), ela calçando 33 e eu 34 (tamanhos do Brasil), tornavam quase impossível comprar um sapato nos Estados Unidos, como escrevi na outra crônica. Antes que me esqueça, mamãe também afirmou a vida inteira que meu cabelo não crescia, de nada adiantaria parar de cortá-lo!

Saímos da loja, mas em outros mastodontes do mesmo gênero, digo, lojas-âncora, a feiura era ainda maior. Voltamos à primeira.

E eis que quando vou ao caixa pagar a conta, dou de cara com uma vitrine de sapatos Calvin Klein, cada um mais lindo que o outro, e olhem que nem tenho mania de sapatos, tenho apenas uns dois ou três no armário, todos pretos, é claro. Quando olho os sapatos por dentro (a informação é obrigatória por lei nos Estados Unidos), vejo que são todos *Made in China*! E caríssimos, a sola quase tão icônica quanto os vermelhos Louboutin (é, *surprise, surprise*, embora não os cultive, também conheço um ou dois fetiches femininos).

Para encurtar a prosa que homem nenhum terá saco para isso, cheguei em casa com o sapato na cabeça e fui direto à Amazon, onde não só constatei que todos os sapatos das grandes marcas são hoje em dia feitos na China, como muitos nem de couro são, mas de um material "feito pelo homem" [*Man Made*], entre eles o maravilhoso que não tive coragem de comprar na Dillards. Porém, para minha sorte, estava em promoção na Amazon, por apenas 30 dólares e com frete grátis. Comprei na hora, e recomendo enfaticamente. Se não servir a gente devolve!

Ah, esqueci de acrescentar que meu tamanho de sapato nos Estados Unidos é 6, não só supernormal e encontrável em todo canto por aqui, como nem sequer é o menor número disponível, *so sorry, mom*. Só Freud explica.

Uma última nota: nada mais é sagrado neste nosso mundo demente, francamente. Pesquisando na Amazon, encontrei uma sola colorida adesiva para transformar o seu velho *escarpin, et voilà*: faça de qualquer porcaria um legítimo Louboutin!

Quanto ao Alan, depois do sucesso do caso do sapato, está todo animado, planejando ir ainda mais longe: disse que vai à China comprar as maravilhosas portas sanfonadas de vidro duplo para a nossa casa, com argônio dentro e tudo (sem relação com o quase homônimo gás sexual de Reich). Por apenas um décimo do preço.

Cem semanas

Interessante. Há quase dois anos completos (dois anos seriam exatamente 104 edições) comecei essa aventura editorial que nunca imaginei que chegasse tão longe. Estava voltando da FLIP, duplamente exausta e mais do que nunca decidida a contratar uma auxiliar, que, por coincidência, também estava voltando da FLIP. A FLIP, aliás, havia sido o "ponto de encontro" entre nós duas detectado por Alex, nosso jardineiro comum.

Não creio que eu tenha soado muito animadora em minha primeira entrevista com F., vamos chamá-la assim:

— A verdade é que estou planejando me mudar para os Estados Unidos e nossa casa já está à venda. Mas, enquanto isso, gostaria de experimentar.

Na nada calada mente eu já planejava o seguinte, voando alto demais para variar: *treino essa menina e a deixo aqui no Brasil encarregada do dia a dia da KBR*. Enquanto isso não ocorria, eu ia tentando meio desesperada encontrar um meio de iniciar nossas operações internacionais abrindo uma empresa americana, Alan para variar bloqueando todas as minhas frustrantes iniciativas com seu pessimismo nato: "Esquece. Não vai dar certo".

Vamos combinar: infelizmente, o que não teria dado nada certo é ter permanecido no Brasil. Francamente. Já teria morrido de enfarte se ainda estivesse aí, desculpem, gente, mas a coisa está muito preta.

Voltando ao passado. Quando F. chegou para o expediente, tendo sido inicialmente estabelecido que teria duas manhãs "presenciais" por semana e o resto pela internet, percebi que, embora eu estivesse sempre sobrecarregada de trabalho, nada havia que pudesse lhe repassar assim, de imediato, que não demandasse um intensivo treinamento prévio para o qual me faltava tempo — ovo ou galinha, sabem como é. Então, decidi criar um novo empreendimento para dar a F. algo para fazer enquanto ela ia tomando pé das coisas, esperando que absorvesse o conhecimento "por osmose", ou por milagre, mesmo — um jeito de ir aos poucos me substituindo no cotidiano da editora.

Esta é a simples história de como apareceu a série semanal *Singles K*. Tínhamos uma boa base de dados, já que o blog da editora estava no ar há pelo menos dois anos (esta semana marca também o 4º aniversário do blog, que começou no final de julho de 2011 e já tem mais de 2 mil posts publicados, o tempo passa). Bastavam quatro ou cinco crônicas novas por semana e estaríamos conversados, o resto poderia ser pescado do nosso "acervo".

Como sempre faço com tudo, em menos de 24 horas a série já tinha projeto de capa (vamos combinar, ao longo de dois anos o projeto de capa deu uma boa melhorada) e logotipo próprio com marca solicitada no INPI (por falar nisso, no Brasil a gente só "solicita" o registro de marca, raramente o obtém, porque o processo demora tanto que em toda a minha experiência pregressa o "produto" havia saído de linha à época da concessão do registro, em todo caso vou ao site dar uma conferida, afinal, são apenas dois anos... pronto, continua "aguardando exame de mérito", e põe mérito nisso). *Et voilà*, estávamos no ar. Muito em breve ganharíamos loja própria na Amazon brasileira, oba.

O resto é história. F. não fez história na KBR, como, aliás, ninguém mais, parece que a minha mão de ferro centralizadora é uma espécie de imã ao contrário, rejeitando qualquer adesão que ultrapasse um contato primário, com a honrosa exceção do nosso querido webmaster, que é "gente que pensa". Mas antes de sair, F. teve uma boa chance de se afirmar como profissional, sendo até mencionada n'*O Globo* como a mais nova assistente editorial do mercado, encarregada, imaginem, do avançado projeto *Singles K* de revista digital semanal, por enquanto a única na Amazon, é, há dois anos. Sabem quando alguém me deu uma chance como esta? Pois é.

De qualquer maneira, embora a gente certamente possa aprender a se virar (como eu já disse antes, tudo que faço rotineiramente hoje em dia eu ainda não sabia há menos de seis anos, aprendi tudo do zero, e estando na faixa dos 60 anos, quando, dizem, o cérebro já não absorve lá tanta coisa... é mentira!), acredito que é preciso "nascer" para a coisa, ter uma certa tendência inata para a profissão. Então, pode ser que F. não estivesse programada para esse ofício.

Uma pena. Mas não estamos aqui para reclamar, e sim para festejar: o projeto *Singles K* só tem me dado alegria! E não me canso de exaltar (e agradecer) aos nossos dedicados colunistas; afinal, exercer semanalmente esta profissão de cronista tampouco é para qualquer um. Cá entre nós, trata-se de um aprendizado e tanto, não é, gente? Eu que o diga, depois de, sei lá... mesmo antes de publicar meu primeiro livro de crônicas eu já tinha escrito mais de 3 mil!

Haja vida para tanto relato. Cem edições não é pouca coisa! E seguimos relatando. Ah, enquanto esta história ia se desenrolando, desenrolou-se também nossa aventura de nos mudar para os Estados Unidos, onde, não por coincidência, mas por muito trabalho e muita insistência, acaba de entrar no ar o site de nossa filial americana. Que orgulho!

Golpe baixo

Now I am become Death, the destroyer of worlds.[13]
J. Robert Oppenheimer, diretor científico do Projeto Manhattan, que criou a bomba atômica.

Como ocorreu com John Kerry — mas creio que por motivos bastante diferentes —também me chamou a atenção esta semana o 70º aniversário do bombardeio de Hiroshima em 6 de agosto de 1945. Ou será que eu deveria dizer obituário? Ou aniversário de morte? Me falta a palavra certa, memorial, talvez. Ou serei eu a desmemoriada?

Neste caos em particular, ops, caso, não se pode apelar para aquela frase feita em espanhol, e se tento fazer graça, confesso, é por puro nervoso. É tudo sério demais, e não acredito que tenha sido nenhuma coincidência o discurso de Obama na véspera da tal efeméride destrutiva, o fato de ter sido de véspera sendo apenas o disfarce que confirma a assertiva.

Não fica muito claro, no entanto, quem seria, quais seriam as próximas vítimas fatais de um novo avanço nuclear. Então, seria o ditado correto "virou-se o feitiço contra o feiticeiro"? Contra o mágico de Oz, nesse caso, um Obama justiceiro?

Que me desculpem os compatriotas brasileiros, mas en-

---

13 "Agora me tornei a Morte, destruidora de mundos".

quanto a nossa pátria agoniza — dolorosamente, tá certo, mas por uma questão que, vista bem por baixo, não passa de ganância e de um espetacular montante de dinheiro —, aqui nos Estados Unidos a semana foi marcada tanto pela posição de Obama, a defender com garras e sorrisos sua ganância política, quanto pela oposição a Obama, numa (bastante) prévia disputa travada nos estertores do partidarismo democrático e levada ao ar no debate republicano da Fox News — durante o qual, apesar de ter me preparado tanto para assistir, eu infelizmente dormi, portanto, nada a declarar —, ambos os eventos tendo como destaque os destinos do mundo, não os detalhes finais do enterro do já mumificado PT, *sorry*, periferia (quanto a este "periferia" aí, tudo o que tenho a dizer é que durante o debate da Fox o "politicamente correto" foi morto e enterrado por Donald Trump, perdeu, acabou, e isso até que foi bom).

Poderíamos até nos voltar para a eterna polêmica do ataque a Hiroshima. Teria mesmo sido necessário? A guerra já não estava ganha? Claro, ninguém pode mudar o passado, nem ninguém, imagino, gostaria de estar vivendo num mundo onde os Estados Unidos fossem os grandes derrotados na Grande Guerra, mas teria sido moral permitir que humanos passassem por tal sofrimento? E continuam passando até hoje, segundo as últimas pesquisas?

Bem, na mesma triangulação belicosa havia vários outros humanos envolvidos, meia dúzia de milhões, que haviam passado recentemente por um sofrimento não sei se maior, mas certamente mais consciente, mais humilhante, mais animalizante.

São memórias duras, não conclusivas, melhor deixar pra lá.

E eis que três atores, três pernas do mesmo banco humano de memórias — que cremos que desabaria se uma delas fosse retirada de repente —, se veem novamente confrontados no mesmo tabuleiro: o poder nuclear, os Estados Unidos, e aquele eternamente enervante povinho judeu, hoje abrigado e protegido pela complicada insistência, ops, existência de Israel.

Alan me disse que para entender o que são os Estados Unidos, eu precisava entender o que eram os Estados Unidos na década de 1950, logo após a vitória na Segunda Guerra, e tome uma dose de filmes antigos na veia: jovens mimados, gente milionária e bem-vestida passando férias no Havaí, um Havaí que poderia nem mais existir caso o resultado da guerra tivesse sido outro. Afinal de contas, Pearl Harbor estava logo ali.

Pareciam ter tudo de bom, gente numa boa curtindo a vida, e visto de fora era mesmo o que a gente entendia. Mas ali estava uma geração inteira que havia sido marcada por uma guerra terrível, onde milhões haviam perecido, a menos de dez anos atrás. Estavam tentando o seu melhor para seguir vivendo, se é que vocês me entendem, então a solução era usufruir o que de melhor a vida tinha para oferecer: surfar, namorar, gastar muito dinheiro.

De lá para cá, entraram tantos fatores nesta velha equação que nem em dez anos de crônica eu poderia discuti-los. O fato é que, sob o chapéu "protetor" de um arsenal nuclear que tantos se comprometem a não usar, a vida se complicou, sempre monitorada por um grande poder conjurado através de... pasmem, um legado do nazismo alemão, que nem todos percebem que continua ativo no dia após dia, e que nem um milhão de bombas atômicas conseguiria destruir: a propaganda política.

Um pulo no tempo e cá estamos em frente à televisão para um longo (e pretensamente abrangente) discurso de Barack Obama em defesa de seu acordo nuclear com o Irã, que mal tenho tempo de assistir. É de manhã, preciso trabalhar, mas o vejo na telinha, sorrindo incompreensivelmente enquanto desenha um quadro que pretende ser convincente no qual, sem que a lógica da vida real assim o justifique, define o atual rumo dos nossos piores, mais fatais aborrecimentos como uma escolha bipolar entre a guerra e o acordo nuclear que ele propõe — os dois caminhos, segundo ele, constituindo "todas as opções sobre a mesa".

Deveríamos entender que Mr. Obama, por puro milagre (e como já vimos, por puro oportunismo histórico), conseguiu esse acordo no último minuto antes de o Irã decidir partir para "ameaçar soldados americanos no Iraque com milícias xiitas, e Israel com ataques de mísseis perpetrados pelo Hezbollah"?[14] Mas, gente, isso já está acontecendo há anos, não é novidade nenhuma. E essa retórica toda sobre o acordo como única opção à guerra é apenas isso e nada mais: uma retórica antiquada e bem-bolada. Posso não ser a favor da guerra, mas certamente sou a favor de acordos diplomáticos seguros, e aqui é melhor dar aquela paradinha para uma reflexão.

Mesmo os mais graduados personagens no Teatro de Viena, entre eles John Kerry, parecem ignorar dados cruciais do acordo que Obama insiste em vender como "altamente confidenciais", tão confidenciais que nem ele mesmo deve ter lido, então quem mais? Do outro lado da mesa, oculto e onipresente como uma entidade de umbanda prestes a incorporar, paira o profundo pensamento do Líder Supremo Ali Khamenei, publicado esta semana num livro que ninguém vai ler, mas que descreve nos mínimos detalhes sua bem-urdida estratégia para destruir Israel sem ninguém perceber, principalmente o seu maior "aliado", os Estados Unidos. Eu sei, eu sei, a frase ficou confusa de propósito, ok?

Até perdeu a graça a piada que contei no outro dia para um amigo brasileiro, na qual expliquei como o compromisso do Irã em destruir o Estado Islâmico para os Estados Unidos (e para todos nós, aliás, sendo este EI o mais recentemente detectado câncer metastático da humanidade) aparecia no acordo com aquelas letrinhas pequenas de contrato de seguro que ninguém consegue ler. Desgraça pouca é bobagem. No caso em análise, como já disse, mas não custa enfatizar, mesmo os mais graduados oficiais cooptados parecem ignorar detalhes do documento que permanecem secretos em sua maior parte, nem precisa mencionar as tais letrinhas miudinhas.

A brilhante apresentação de Obama para sua mais alta aspiração à eternidade foi, vamos combinar, um golpe baixo no nosso espírito de humanidade. A poucos meses de sua arran-

---

14 A citação é do tendencioso editorial do *New York Times*.

cada final, tudo em que Obama parece estar pensando é que precisa arrumar uma maneira, seja ela qualquer for e seja qual for o preço a pagar, de concretizar a "Paz Nobel" a que foi condenado nos primeiros dias de seu primeiro governo, tampouco sem base alguma na lógica da vida real, justificando assim de um só golpe todas as suas "profecias" para um mundo em estado terminal.

Um minuto final para o intervalo comercial. Fui.

FOUND IN TRANSLATION[15]

Abro a porta do exíguo apartamento e uma lufada de ar fresco me surpreende, um sopro de alívio num verão que se revelou bem mais quente do que esperaria esta brasileira em rota de fuga... do calor dos trópicos, pelo menos, para não ter que listar a burocracia e todo o resto.

Não sei, mas desconfio que com sua temperatura amena e suas cores mutantes tendendo para o laranja, o outono se tornará minha estação favorita no estrangeiro, isso, se nenhuma inesperada alergia à natureza decidir se manifestar.

De volta da "academia" (uma salinha refrigerada com duas esteiras, um aparelho de musculação e uma enorme tela de televisão aqui no condomínio mesmo, que me proporcionou a prazerosa oportunidade de voltar a correr depois de anos de sedentarismo), dou a notícia toda animada:

— Alan! Está 75° lá fora, fresquinho!

— Verdade? Duvido — ele disse, e foi ao amado Google para checar, me corrigindo todo satisfeito, com a maldade intrínseca dos que cultivam a certeza de saberem sempre tudo e estarem sempre certos: — Está 84°!

---

15 Título de crônica com nota de rodapé é terrível, eu sei, mas devido ao hábito das péssimas traduções para títulos de filmes, o trocadilho se perde em português: "*Lost in translation*", o nome original do filme em questão, foi traduzido no Brasil para "Encontros e desencontros".

Fosse o oposto e ele já estaria reclamando que digo "não" a tudo, o corrijo por ninharia (no caso, 9 graus, que equivalem a apenas 5 naquela outra unidade). Paciência. O que importa é que os dias de 95ºF (35ºC) parecem estar indo embora. Não deixarão saudade.

Ah, vocês perceberam. Depois de 10 meses vivendo nos Estados Unidos, espero ao menos ter desenvolvido um novo senso de meteorologia, no qual meu corpo entende a temperatura em Fahrenheit sem precisar parar para converter a todo momento. Tá quente. Tá frio. Simples assim.

"Quem converte não se diverte", me ensinou uma amiga que viaja com frequência (brasileira, é claro). Tem toda razão.

A verdade é que venho percebendo que não serei capaz de manter por muito tempo essa rotina esquizofrênica de viver em dois países simultaneamente (embora do jeito que a coisa vai, o oposto talvez fosse possível, se é que vocês me entendem: trabalhar aqui e viver aí seria bastante lucrativo). Desde que vendemos nossa casa há exatamente um ano, por exemplo, a moeda brasileira da qual ainda sobrevivo já foi desvalorizada em 50%. Isso mesmo, 50%!

Se, por um lado, escapamos de perder o mesmo percentual no valor do nosso patrimônio, estável e calmamente à espera da construção da nova casa sabe-se lá quando, por outro a minha hora de editora sofreu um baque considerável, o que é no mínimo desanimador, para variar. Mas vamos em frente.

Em dez meses de vida americana, ainda não consegui me sentir plenamente presente; é mais ou menos, mal comparando, como me virei para encarar a perda do meu pai aos vinte anos: nunca aceitei, mas fui me acostumando aos pouquinhos. Só que agora, é claro, essa adaptação lenta e gradual nada tem de trágica nem de dolorosa, pois embora seja marcada por momentos de dificuldade é na verdade um gigantesco passo à frente — em direção à estabilidade, a uma vida mais equilibrada, com alguma esperança de se tornar um dia mais fácil e prazerosa. Com a garantia de Alan ter descoberto que, de acordo com o sistema vigente nos Estados Unidos, tenho direto à metade da aposentadoria do meu marido, só por sermos casados. Imaginem!

Desculpem aí. Posso garantir que minha intenção com esta crônica era apenas divertir, mas parece que não está funcionando. Isso, para nem mencionar o medo que sinto de ficar contando essas coisas positivas, vai que dá um azar e resolvem mudar a lei por causa disso.

Enfim, a semana foi marcada por um espantoso contraste entre a vida empresarial brasileira e a vida empresarial estrangeira, algo que até hoje eu só conhecia de imaginar, ou de ouvir falar.

Tendo dedicado boa parte das minhas férias a traduzir para o inglês meu próximo livro (este mesmo, que inclui esta crônica), pude finalmente adquirir um certo senso de segurança ao me expressar nesta língua, embora ainda não esteja escrevendo, mas sim, "traduzindo", com a óbvia exceção dos meus comentários no *New York Times*. E nem vou perder meu tempo lembrando que o Alan não perde uma única oportunidade de criticar minha "pretensão" de publicar em inglês. Minha crônica da semana passada, por exemplo, segundo ele não interessaria a ninguém — talvez por causa daquela metáfora de umbanda que ele não consegue entender, algo bastante rotineiro para nós, brasileiros —, mas, cá entre nós, já sabemos que para ele meu trabalho como escritora é pura perda de tempo, não importa o idioma... algo bastante comum, pelo que pude apurar, entre antigos casais felizes nos quais um dos parceiros é escritor. Deixa pra lá.

Decidi, então, que havia chegado a hora de formalizar a existência da KBR em solo americano, e de lambuja, quem sabe, identificar novas oportunidades locais para a tão sofrida alma brasileira, a minha e a de outros autores. E assim foi feito.

Gente! A coisa toda levou quinze minutos, tudo pela internet! E menos de 12 horas mais tarde, recebi por e-mail o "alvará de localização" concedido pelo Estado da Carolina do Sul! O custo? Cem dólares — tá certo que cedendo à tentação da conversão não é tão pouco assim, mas para a mentalidade local, com o perdão da expressão, é uma mixaria. Claro que tudo bastante facilitado pelo meu endereço (cada vez mais fixo) na Carolina, onde não existe a anacrônica exigência de "ponto comercial", basta uma "pessoa responsável com endereço local".

E como tudo isso tenho conseguido durante as minhas "férias" tão ardentemente aguardadas, que terminam neste fim de semana — uai, já? — farei desta crônica um relato mais curto, só para não deixar em branco a incrível conquista recém obtida. E devidamente amparada na generosidade brasileira, espero em breve estar trilhando novos e mais amplos caminhos, para nem mencionar "mais seguros", tanto como autora quanto como editora, já que o limitado apoio oficial à divulgação da nossa literatura no estrangeiro está limitado a editoras... estrangeiras, o que a partir de hoje me tornei de uma certa maneira, oba.

Long live KBR!

Sonhos suspeitos

No outro dia, uma amiga me contou, toda animada, que havia comparecido a um instigante evento destinado a arrecadar fundos para a candidatura do democrata Bernie Sanders à presidência dos Estados Unidos.

— Você teria adorado — ela escreveu. — Se formos bem-sucedidos, iremos a Washington, imagine.

Ela está certa. Por mais que eu negue, tenho visto e entendido através dos anos que sou um animal político, e Sanders, um ex-hippie e ativista de esquerda, seria em tese mais um daqueles casos de um sujeito formado nos ideais que acalentávamos em nossa juventude, mais uma chance para contradizer John Lennon provando que "o sonho não acabou", se é que vocês me entendem, mais uma chancezinha só, que no meu entender Obama tragicamente desperdiçou com sua plataforma de união e mudança, que só resultou numa divisão que parece cada vez mais acirrada. Mas posso estar enganada.

O problema é que a minha amiga também está errada, e eu não teria gostado nem um pouco. E mais, me oponho ao discurso que Bernie Sanders deseja manter vivo, mesmo pensando, no fundo no fundo, que se trata de uma alternativa menos nociva ao "furacão Hillary" — não me perguntem de onde tirei esta metáfora, porque não sei, só sei que ela me veio à mente e a aceitei.

Devo confessar. Desde que pisei nos Estados Unidos, pareço estar me tornando mais conservadora a cada dia que passa, a cada dia confio mais no taco do meu marido e menos na minha iludida ignorância pregressa sobre a realidade das coisas. Ponto para o Alan. Imersa em profundidades variáveis na realidade diária americana, vou pouco a pouco aprendendo a distinguir o que é verdade do que é propaganda, embora ainda esteja longe de um entendimento completo, razão pela qual o bom senso diria que eu deveria me manter *low profile* em vez de sair por aí aos quatro ventos divulgando a minha equivocada opinião. Mas não aguento, não consigo me limitar às quatro paredes desse apartamento.

Devo deixar claro, para começar, que não voto em ninguém por professar algum respeito à minoria dominante. Não voto em mulher, não voto em preto, não voto em gay, não voto em judeu. Tampouco voto em branco, quer dizer, se uma mulher, um preto, um branco ou um judeu qualquer me convencerem que estão aptos a ocupar a presidência dos Estados Unidos, *voilà*, não terão o meu voto, porque como residente permanente não tenho direito a votar, mas terão meu apoio escrito crônica após crônica, mesmo que eu tente escapar. Pois, como vocês bem sabem, o consciente fala mais alto do que o medo de me equivocar.

Tendo informação suficiente, porém, teria votado contra qualquer atentado à segurança do Estado de Israel, sem escrúpulo nenhum, pois acima da minha fidelidade a um país ou nacionalidade está a minha fidelidade à ancestralidade que me gerou. E ponto final. Isso, num governo ideal, deixaria de fora qualquer tentativa precoce de acordo diplomático com o Irã, pelo menos nas condições vigentes neste momento.

"Deixar o Irã inspecionar suas próprias instalações nucleares?" Como assim? Não foi à toa que Obama fez questão de manter secretas as "condições" dessa parte do acordo — que acabaram vazando de qualquer maneira, uma prova concreta de que o presidente deve estar mentindo, pois havia afirmado anteriormente que se tratava do "mais robusto regime de inspeção jamais negociado de forma pacífica".

Pois é. Não acredito de jeito nenhum que um país considerado uma superpotência mundial, sem motivo real para temer poderes menores e bem menos comprometidos com a noção de justiça, liberdade e igualdade humana, deva ser o primeiro a estender a mão, muito menos oferecer a "outra face" em qualquer situação, Jesus Cristo que me perdoe. Tampouco acredito mais em boa parte dos sonhos "civis" da minha juventude, embora no fundo no fundo ainda mantenha uns sonhozinhos pessoais bastante inúteis, mas que me ajudam a seguir levando, porque nós humanos somos mesmo incorrigíveis.

O mundo não tem estado propenso a sonhadores ultimamente, vamos combinar. A única saída é nos limitarmos de alguma maneira à nossa própria capacidade de sonhar, e de realizar, o que dificilmente incluiria nos dias de hoje as decisões mundiais a respeito de segurança, terrorismo, economia e o direito constitucional à felicidade — algo que John Lennon descreve muito bem em seus versos que conferi indagorinha, dá uma olhada: "Só acredito em mim, em Yoko e em mim, e esta é a realidade", justamente aquela realidade que deram um jeito de tirar do pobre músico logo em seguida.

Pois que seja. Só acredito em mim, no Alan e em mim, e esta é a realidade.

A verdade é insuportável. "Só nos resta seguir em frente, meus amigos, porque o sonho acabou". E acabou mesmo.

Pois imaginem que no último domingo fui com o Alan a Asheville, uma cidadezinha na Carolina do Norte a uma hora daqui. Lá chegando, não custei a perceber que era uma daquelas cidades onde eu daria o meu braço direito para viver na minha juventude, como algumas tantas que visitei nas minhas muitas viagens pelo mundo e pelos Estados Unidos. Lá estavam os cantores de rua, as pessoas vestidas de um jeito exótico, a maravilhosa arquitetura high-tech da Urban Outfiters, as incrivelmente cheirosas lojas de chás e ervas aromáticas, vários restaurantes vegetarianos, a rua principal cheia de lojinhas charmosas, roupas bacanas para se comprar, para nem mencionar a linda decoração do bar de vinhos onde almoçamos: um paraíso perfeito para hippies (não) amadurecidos, que ainda carregam consigo seus mais caros valores e parâmetros estéticos, imaginem, a apenas uma hora de Greenville!

Alan, ele mesmo um ex-hippie tornado conservador, ficou tocado. Chegou em casa e foi direto ao Google pesquisar a cidade, "será que não deveríamos desistir de Paris Mountain e comprar uma propriedade lá?" Afinal de contas, são grandes as chances de que nesta futura casa viveremos até o final de nossas vidas, sabe-se lá. Então por que não viver realizando os nossos sonhos de juventude?

Mas a simples verdade é que, embora tenhamos passado um dia delicioso, não sei se me adaptaria no dia a dia a esse "sonho gostoso". Tenho na verdade a tendência a me proteger de mais uma futura decepção, e de acordo com esta concepção, melhor manter nossa linda propriedade em Greenville, uma cidade menos hippie e mais cosmopolita de onde se vislumbra a mesma cadeia azul de montanhas que nos atraiu na primeira visita.

Estarei certa? Não sei. O tempo dirá. Enquanto isso, a cada vez que eu me decidir que quero voltar atrás e sonhar um pouco mais, já conheço o caminho das pedras, que fica logo ali. Basta ir passar o domingo lá, uma opção onírica e lírica que, certamente, não poderá ser aplicada aos críticos destinos do nosso mundo demente.

O trunfo de Trump

A gente sabe que começou a corrida eleitoral americana quando Alan e eu começamos a discordar radicalmente quanto ao que seria o melhor para os Estados Unidos, e, por extensão, para o mundo. Certo?

Bem. Mais ou menos. Até há pouco tempo nossa vida política — melhor, politizada — era assim mesmo, ele, claro, me imputando sua vantagem indiscutível devido à minha ignorância intrínseca, que seria descrita mais acuradamente como "falta de familiaridade com o jeito americano de ser". Mas devo confessar que mudei, estou mudando, desde que me mudei para os Estados Unidos, meu Deus, será que ele estava mesmo com a razão?

A bola da vez, impossível deixar passar em branco, é a impositiva "estrela ascendente do Partido Republicano", Donald Trump, e seu cabelo esquisito. O cabelo de Trump, aliás, vem se transformando a meu ver numa metáfora perfeita, seu maior trunfo eleitoral.

Vejamos. Lá pelos idos de não sei quando, algo deve ter acontecido, porque aquela coisa encobrindo seu crânio certamente tem muito pouco a ver com uma cobertura capilar humana natural, atualmente agravada pela cor de burro-quando-foge mais artificial ainda. O adereço dá ao candidato uma aparência de *freak* (aberração, anomalia, imaginem, precisei ir ao tradutor para chegar a um bom termo em português), e ele sabe disso. Melhor, ele explora isso, insistindo em demonstrar em seus frequentadíssimos comícios que o cabelo, embora esquisito, é dele mesmo. Cheguei a aconselhar (mentalmente, é claro) que sempre o escondesse por baixo daquele boné vermelho que ele tentou, em certo momento, transformar em sua marca registrada, com seu slogan (este sim, devidamente registrado no Escritório de Patentes americano) "Make America Great Again" ("Tornar a América grandiosa de novo", em tradução livre). Afinal de contas, Trump parece bem mais distinto com ele, mas a verdade é que, sendo muito esperto, ele deve ter percebido que seria muito mais eficaz enfatizar sua "esquisitice" em lugar de tentar disfarçá-la. Funcionou. Ponto pra ele.

Apesar de nada ter em comum com o povo que o aplaude, sendo, muito pelo contrário, um dos mais legítimos representantes da elite dos hipermilionários que jamais se aventurou na arena política — vamos combinar, o "povão" nada entende de "elite", e de política muito pouco — Trump vem se provando o candidato mais capaz de todos ao traduzir fielmente os anseios de alma deste mesmo povo, embora a mídia venha se esforçando um bocado para provar que não é assim: apenas os idiotas, os racistas, os violentos, enfim, a escória da (falta de) humanidade americana o estaria apoiando (ele esteve em Greenville na última quinta-feira), enquanto a "banda boa" estaria se bandeando, vamos dizer assim, para os lados do liberal--socialista Bernie Sanders. Que, aliás, também se destaca pela cabeleira branca... Ironia!

A mídia "direitista" — é, aqui nos Estados Unidos a mídia tem dois lados bem declarados, e ambos têm força —deu o troco no outro dia: o hilário Jesse Watters (desculpem, mas Watters, além de simpático, é muito inteligente e engraçado) provou claramente que os "empolgados por Bernie" não tinham a menor ideia de pelo que estavam se empolgando, chegando a definir "socialismo" como "sociedade de livre iniciativa, completamente livre do controle do governo", enfim, uma espécie de *laissez-faire* — isso então é que eles desconhecem mesmo. Até eu, pra dizer a verdade, ando me confundindo, porque aquilo que parece ser "liberal" em termos de economia é na verdade nos Estados Unidos a definição do "conservadorismo", vai entender.

Mas, só para variar, não é sobre nada disso que eu queria escrever. Já deu pra entender que Alan, a cada dia que passa, está cada vez mais fã de Donald Trump, enquanto eu, embora não esteja mais me aferrando tanto à minha contrária opinião... Bem. Embora não consiga vê-lo como presidente dos Estados Unidos, reconheço que ele vem nos prestando um grande serviço ao demolir cuidadosa e objetivamente a ditadura do "politicamente correto" que vem há anos nos sufocando, e só está piorando. Imaginem que li num artigo que hoje em dia nas universidades americanas está se estabelecendo um *status quo* que busca "proteger os alunos de palavras e conceitos que os incomodam". Imaginem só a geração unilateral e burra que poderá sair disso, nossa mãe. As alunas de direito, por exemplo, não querem que lhes sejam ensinadas as leis relativas ao estupro, porque a simples ideia do estupro as perturba. É considerado ofensivo, outro exemplo, perguntar a uma pessoa de aparência asiática "onde ela nasceu", quase um crime de racismo punível por lei.

Pois imaginem que noutro dia, movida apenas por uma benigna curiosidade (e busca de solidariedade) de estrangeira, perguntei à minha simpática oftalmologista de aparência oriental e forte sotaque chinês se ela "era americana". Meu Deus! Poderia ter ido para a cadeia e nem sabia!

Pois os "politicamente emparedados" se veem desesperados com a retórica incorreta de Trump, que não hesita um segundo em usar os termos mais desprezíveis convenientemente ejetados do nosso vocabulário de "conectados", como, por exemplo, o horrorífico "bebês-âncora" contra o qual um editorial do *New York Times* completamente equivocado — ou conscientemente manipulador, sei lá — se declarou horrorizado.

Poderíamos evocar a sabedoria tupiniquim de Elio Gaspari, que explica com didática clareza a inconveniência de uma pessoa sem nenhum traquejo político, como a "nossa" Dilma, ocupar a presidência de um país, o que também ocorreria no caso de uma impensável vitória de Donald Trump nas próximas eleições presidenciais americanas. A habilidade de debater com o Congresso, afinal de contas, é um dado importante numa democracia — um dado que, aliás, pasmem, tem falhado consistentemente na Era Obama.

Agora, o que tem contribuído de fato para o sucesso de Trump não é sua retórica extremista, mas sim o fato de que o que ele diz reflete o que pensa em silêncio a maioria dos americanos, mesmo que, massacrados (ui!) pelo poder da mídia, se encontrem impedidos de expressar livremente tal pensamento, apesar da 1ª Emenda (da Constituição dos Estados Unidos, que garante a livre expressão). Em bom português: estão todos de saco cheio, não dos políticos, mas dos maus políticos, é o que eu entendo. E a coisa está claramente se encaminhando para um "estado-limite", para além do qual ninguém sabe direito o que vai acontecer.

Antes de encerrar esta crônica com uma nota de esperança, citando uma outra amiga (diferente daquela que é favorável a Bernie Sanders) que há poucos anos me disse que o mundo se encaminhava para uma crise fatal, da qual emergiríamos todos num "admirável mundo novo", vou deixar um bom conselho, e de graça, para a mídia "liberal e esquerdista" como o *New York Times*: não é com mentiras óbvias que vocês manterão seu *status* de formadores de opinião, francamente. Pois em seu polêmico discurso do Alabama, Donald Trump deixou bem claro o que entende por "bebês-âncora", e o termo se refere não a filhos de imigrantes em geral, o que ofenderia a hoje famosa 14ª Emenda "garantidora da pluralidade", mas sim a pessoas que "entram ilegalmente no país às vésperas de dar à luz, só para que seus filhos recém-nascidos sejam considerados cidadãos dos Estados Unidos", e por tabela garantam os pais também, entenderam? É golpe. Simplesmente.

Quanto a mim, confesso não compartilhar deste pânico crescente contra os imigrantes — latinos, em especial, entre os quais me incluo. O que me pergunto todo dia é por que fiz tanta questão de solicitar meu Green Card imediatamente, me certificando de ter todas as condições legais para obtê-lo; e por que me sinto muito mais tranquila e livre no país em que vivo porque finalmente o obtive.

Ah, bom. Está na TV: solicitar o Green Card e imigrar legalmente vale apenas para quem "tem dinheiro". Em suma, mudo de país, mas não consigo me livrar da maldição de ser "elite".

LICENÇA PARA DIRIGIR

Lembram aquele poeta brasileiro que disse um dia que "o brasileiro é antes de tudo um forte", ou quase isso?

Francamente, não se pode ter paz nesta vida. Passei a semana toda juntando material para escrever uma crônica leve, engraçada e em tom de vitória, mas eis que me puxaram o tapete com a desgraçada notícia das demissões em massa n'*O Globo*, "o maior jornal do país".

Embora esteja a salvo de tantos descalabros, convenientemente protegida em território "estrangeiro", não deixo de ficar sentida. Posso não ser eu a demitida, mas sofro (quase) da mesma maneira (aliás, me desculpem, mas aqui se impõe um parêntese malvadinho: toda vez que alguém que me rejeitou um dia, ou tentou se mostrar frente a mim como "superior" sofre um revés por qualquer motivo, eu intimamente me digo, *ah, pois é, fulano perdeu seu emprego, caiu no ostracismo, mas eu continuo aqui, ó*, só que no caso d'*O Globo* eu os considerava amigos, gente fina).

Afinal de contas, não estou sentada esperando que a crescente desgraça me atinja diretamente, no caso de, por exemplo, o governo proibir o brasileiro comum de publicar seus livros. Já me basta a catastrófica alta do dólar, que mesmo eu estando distante me assombra rotineiramente.

Junto à tristeza por meus amigos d'*O Globo* leva também uma pá de cal meu sonho eterno de ser colunista no mesmo jornal. Nossa mãe, quanta emoção investida nisso a vida inteira... E agora terminou mesmo.

Estou longe. Definitivamente. Mais do que hora de seguir em frente.

E estou seguindo. Ou não teria escapado da velha maldição da estátua de sal.

Esta semana, imaginem, atingi finalmente o *status* de "pessoa adulta" aqui nos Estados Unidos. Vocês se lembram de eu ter contado há quase um ano, exatos 10 meses e 14 dias, que havia falhado no exame de motorista da Carolina do Sul e, como consequência, conseguido uma "permissão para dirigir com um adulto ao lado"? Uma coisa humilhante toda vida a que tive que me submeter, não tive saída.

Fiquei tão traumatizada que na verdade mal toquei num volante durante todo esse tempo. Mas a bendita licença perderia a validade depois de 12 meses, e tive que enfrentar mais este elefante na sala, ô manada desgraçada, me sinto o tempo todo sendo massacrada! Nem um segundo de vida relaxada até agora!

Enfim, este tipo de tormento também está perto do fim. Arrumei uma autoescola, tive uma aula intensiva de duas horas e no dia seguinte, finalmente, fui aprovada no exame de rua, minha gente. Daí para frente foram só flores: tirei a foto no posto local e já saí de lá com uma carteira funcional, com chip e tudo. Tecnologia! Não tive que esperar nem mais um dia!

Agora, por via da ironia, enquanto *O Globo* se esfacelava sem que eu soubesse, fui convidada a contribuir como colunista para uma revista local trimestral. Em inglês!

Como vocês bem sabem, tornar-me escritora em inglês é meu sonho ousado mais recente, fadado a que eu não sei, só sei que me obrigo a sonhar. E a ralar bastante para melhorar, é claro, daquele velho único jeito que já revelei a todos os meus "editandos" e colegas escritores: escrevendo, escrevendo, escrevendo.

Fiquei toda feliz, editei minha crônica para cumprir os

requisitos de caracteres, tema etc. e enviei tudo no prazo certinho, como é de meu feitio: caxias e careta.

Qual não foi a minha surpresa ao receber um e-mail da editora da revista repassando os comentários de sua revisora! Sem brincadeira, não recomendo a ninguém correr esse risco de mudar de lado, você pode sem querer se dar muito mal.

Não sei se a mulher estava "de paquete" ou o que, mas vejam o que tive que suportar, a gentileza com que me descreveu: "Ela vagueia de tangente em tangente e não as conecta muito bem. Suas frases são longas demais. Ela escreve como se estivesse tendo uma conversa louca com uma amiga". E não parou por aí: "Isso tudo é muito amadorístico, não acho que ela seja escritora. Está muito difícil para mim editá-la, levo tempo demais para entendê-la. Não tem nada a ver com a língua, mas com os pensamentos incoerentes dela espalhados por todo lado".

Caramba. Imaginem onde eu estaria se tratasse os meus autores desta fina maneira.

Uma das coisas que ela (não) entendeu na crônica foi quem estava se casando, achou que fosse eu, e foi logo me rotulando como "bígama". Mas a crônica, que você já leu neste livro se chegou até aqui (o título é "Amor, casamento, família"), começava assim: "Meu filho resolveu se casar". Pode ser mais explícito que isso?

O pior é que Alan anda nervoso, e a crítica da revisora lhe caiu como uma luva, quer dizer (olha aí os "pensamentos incoerentes" de novo), caiu como uma luva nas críticas cotidianas que ele me faz aos gritos, diz que sou imbecil, que meus textos são pura perda de tempo e que não sei falar inglês, muito menos escrever, entre outras coisas que acho melhor não divulgar: "Ela disse exatamente o que eu penso das suas crônicas!"

Jogando sal nas feridas, como diria mamãe. Bem, melhor parar por aí.

Para encurtar a história (vou ali chorar e já volto), assim que consegui respirar e digerir essa merda toda jogada sem refresco na minha cara (desculpem aí), fui finalmente ler o "trabalho" da revisora: poucas correções, todas bastante aceitáveis, com a única exceção, é claro, da modificação que ela fez para deixar bem claro que eu "estava para me casar com o Alan" — embora o texto se referisse ao meu primeiro casamento de 35 anos atrás, quando, estando eu a ponto de "desencalhar", mamãe me recomendou que eu fugisse para casar. Estão reparando como estou me cuidando para fazer sentido?

Ok, deixa pra lá. Mandei a crônica aprovada e encerrei o capítulo, não sem antes pesquisar no Facebook e descobrir que minha mais recente arqui-inimiga é "editora de obituários" — não lindos obituários de gente bacana, como o de Oliver Sacks que Gregory Cowles escreveu no *New York Times*, mas de gente insignificante, simples cadáveres domésticos nada impactantes de uma cidadezinha qualquer dos Estados Unidos.

Pronto. Me vinguei.

O bom de tudo isso é que antes de agir como adulta, aceitar as críticas, enfiar a viola no saco e tratar de melhorar mais, cheguei à conclusão de que nesta altura da vida escrevo apenas por amor, não por dinheiro nem por fama, mas para expressar algo que teima em escapar da atividade fervilhante da minha mente insana, e estamos conversados. Essa ousadia recente de traduzir a mim mesma para o inglês é apenas mais um passo na minha dura trajetória, na qual não apenas não tento escapar a nenhum desafio, como continuo inventando novos e me submetendo a eles com disposição e alegria. Em resumo: não me dou folga.

Além do mais, mais do que nunca me vejo agora habilitada a dirigir a minha própria vida, na Carolina e no resto do mundo, e tchau procês.

Dias terríveis

Francamente, já escrevi pelo menos uma dúzia de crônicas sobre os *"Yamim Noraim"*, os dez "dias terríveis" de reflexão que se interpõem entre o ano novo judaico, Rosh Hashaná, e o Dia do Perdão, Yom Kipur. Mas nunca antes na minha carreira de cronista encontrei uma analogia histórica e social que os justificasse tão ferozmente para além de minhas reflexões pessoais, pois é. Embora não acredite em Deus nenhum (e em dias como estes, quem acreditaria?) e nem professe nenhuma religião, nunca me furtei a esta saudável reflexão anual que deveria culminar num jejum ritual, que este ano, mais do que nunca, poderia adquirir um sentido supracultural, já que as infelizes ondas de refugiados perecem não só por afogamento e esquecimento, mas também, simplesmente, devido à fome, como verificou a corveta brasileira que resgatou alguns deles no outro dia.

É muito tocante toda essa onda de solidariedade que toma de piedade as redes sociais, redes estas que, aliás, têm um papel crucial não na salvação, mas na propagação dessa remota possibilidade de evasão, já que em certos países é impossível reagir. Mas quem iria querer saber disso, não é mesmo? O importante não é entender o que há por trás, mas apenas saber que estamos indo atrás, uma simples questão de dois mais dois: o menino em certa foto que ficou famosa se afogou + a Europa está mal na foto = morte à Europa por ter deixado morrer o menino.

Não nos enganemos. Não é que eu esteja dizendo que abrindo as nossas portas, uma obrigação cristã, estaremos agindo imp(r)ensadamente, nada disso. Mas é preciso entender a perspectiva histórica que nos trouxe até este momento, e por que razão alguns líderes mundiais — como Netanyahu, por exemplo, para quem a imprensa não hesita um segundo em apontar o dedo acusador — podem estar certos, embora pareçam estar terrivelmente errados, e outros — Angela Merkel, por exemplo, que ultimamente não passa um segundo sem ter que se posicionar em público sobre assuntos controversos e cruciais para o futuro da civilização — podem estar terrivelmente equivocados, embora pareçam a nossos olhos estar agindo corretamente.

Escritores, poetas e colunistas, como esperado, devem se unir em torno de um único ponto unificado: há uma terrível necessidade de solidariedade humana neste momento, e ela deve ser exercida a qualquer preço, pois "os bárbaros triunfaram" e este triunfo lhes deve ser peremptoriamente negado.

Os bárbaros de que falam, imaginem, são os cruéis e degenerados líderes europeus atuais que, compreensivelmente, têm hesitado quanto ao que fazer a respeito dos tsunamis de emigrados. Como abrigá-los, alimentá-los, salvá-los do inevitável desastre que já arriscaram num incrível ato desesperado, quando se amontoaram em barcos fragilizados, traficados a preço elevado? Como dar conta dessa gente toda e ainda conseguir proteger sua (nossa) segurança social e qualidade de vida, as óbvias conquistas que têm atraído os refugiados?

Eles fogem de seus países como o diabo da cruz, e não se enganem, há lá um diabo empoleirado que transformou suas existências em puro ato de terror, geralmente também contra a cruz, senão vejamos. Como uma medusa maldita, o monstro que os empurra para fora de seu próprio inferno tem várias cabeças, e não sei se a cada uma que é cortada nascem duas ou três outras em desregrada proliferação, como convém a um mito em ascensão, e ainda nem chegamos à diplomática pretensão do governo Obama.

Isso mesmo. Todos, menos os desprezíveis sensacionalistas que se arriscam em público a professar suas opiniões extremistas, estão aplaudindo o inédito acordo nuclear com o Irã, que provavelmente deverá ser votado pelo Congresso Americano justamente durante os "dias terríveis" que precedem o Yom Kipur — parece carta marcada, ou alguém diria, por outro lado, que "Deus não joga dados" —, durante os quais este ano, aparentemente, não apenas os judeus serão julgados, mas a humanidade inteira, pela justiça de seus atos impensados.

Eu sei, você que me leu até agora deve estar certo de que terei pirado. Que raio de conexão pode existir entre a foto do menino afogado, o acordo assinado e a tão propagada intolerância do Estado de Israel?

Não estou tão certa quanto a quem seriam os verdadeiros bárbaros, e tendo a pensar que não são os europeus, mas os bárbaros do ISIS, do sírio Assad e outros que tais que fizeram e estão fazendo muito mais do que provocar a fuga dos pobres refugiados. E com eles deveríamos estar preocupados, todos, aliás, financiados pelo governo do Irã. Que, por seu lado, terá sua capacidade de financiamento incrivelmente incentivada pelo acordo ora firmado, nem precisa mencionar o risco da proliferação nuclear.

Todo esse complexo ideológico poderia talvez ser explicado por uma espécie de efeito borboleta adulterado, um desastre histórico, um relógio de guerra que teria que ser mergulhado numa hipotética máquina do tempo para retroceder ao momento em que Saddam Hussein foi derrubado pelas razões erradas, deixando em seu lugar um vácuo que não tardou a ser ocupado pelas forças de um mal agora muito agravado. Um mal legítimo, que neste momento de certa maneira, aleatória ou intencionalmente — e por favor, não estou falando dos pobres refugiados, massa de manobra —, está "completando a invasão da Europa" deixada de lado séculos atrás, quando foi vencida por ideais do iluminismo, do pensamento lógico e do desenvolvimento filosófico que por seu lado deve ter sido bancado por líderes corruptos e endemoninhados.

Enfim, nossa humanidade perdida não tem remédio.

Ondas de consciência coletiva são sempre bem-vindas, eu acho. Cada vida humana desesperada deve ser convenientemente poupada, aliviada; cada um de nós tem pleno direito ao seu quinhão de compaixão, apoio e solidariedade cedido pelo vizinho do lado. Mas acredito também que mais do que nunca a solução impossível para todos os nossos dilemas humanitários está em rejeitar as obviedades políticas, vaidades momentâneas, aparências enganosas e as radicais divisões nas redes sociais. Como? Sinceramente, não sei.

Só sei que não devemos nos apressar em julgar nada. Devemos evitar nos manifestar como as ondas manipuladas de uma manada que reage ao som longínquo de hipotéticas vaquejadas, com todos os nossos botões emocionais sendo apertados por forças que todos vemos, mas não enxergamos muito bem.

Pode até ser que seremos todos perdoados por um Deus misericordioso ao cabo de dez dias dedicados à oração, à reflexão e ao arrependimento que devem preceder qualquer justo parecer, porque, no final das contas, todos viemos de uma mãe e de um ato de amor, mesmo os mais desprezíveis entre nós — com a única exceção dos desafortunados que nasceram de estupros violentamente orquestrados, é claro, mas não está na hora de mencionar isso.

Não há muito que possamos fazer para salvar nossa pele, pois nosso julgamento já está em curso, assim como o apoio parlamentar ao acordo nuclear. Se o terrível Deus da Bíblia não puder nos condenar, talvez a marcha da história consiga em fim nos derrubar.

Resta-nos esperar, nos conformar aos pequenos atos de amor e laços de família que possam nos confortar no dia a dia. No mais, é tentar alertar, escrever sobre a nossa verdade, incomode a quem incomodar, provocar reflexão sem ocultos objetivos políticos manipulativos.

Meu desejo é que nos próximos dias possamos ser devidamente reinscritos no Livro da Vida. Como se diz em hebraico, *"Gmar chatimá tová"* — literalmente, que todos terminemos mais este capítulo com uma sábia assinatura, que nos favoreça a todos na vida futura.

ALEGRIA, ALEGRIA

Vou ter que começar confessando que sempre achei cafonérrima aquela música hebraica que me acompanha praticamente desde o nascimento, acho que vocês todos conhecem, "Hava Naguila",[16] centenas de vezes dançada em roda em casamentos, bar mitzvás e similares no mundo inteiro. Pois é, se tem uma coisa que suaviza a aporrinhação de se sentir (sempre) estrangeiro é a real possibilidade de encontrar outros judeus em qualquer lugar do mundo — nalguns mais, noutros menos, tá certo — e com eles compartilhar piadas e canções automaticamente.

Foi, por exemplo, o que diminuiu sensivelmente a disparidade cultural existente entre Alan e eu (desculpem, mas "entre Alan e mim" não dá), embora nunca tenhamos dançado ou cantado "Hava Naguila" juntos até hoje. Imaginem se fosse diferente.

Mesmo assim, não hesitei um segundo em parar de trabalhar mais cedo e atrasar o jantar de Rosh Hashaná para assistir no canal educativo ao filme sobre "Hava Naguila" que tinha visto anunciado uns dias antes.

Não me arrependi.

---

16 *Hava naguila/ hava naguila venismechá/ uru, achim, uru achim belev sameach.* [Vamos nos rejubilar/ vamos nos alegrar/ levantem-se, irmãos, com o coração a festejar].

Muita coisa do que vi eu vivi, ou tinha ouvido falar, tendo nascido justamente no meio e época onde proliferavam os *chalutzim* — pioneiros judeus que povoaram o recém declarado Estado de Israel a partir de 1949 — e sido educada por Dona Evinha, uma ex-líder do movimento juvenil de Belo Horizonte, coisa que eu mesma me tornei anos mais tarde. Foi assim que o espírito da música acabou entranhado em mim, mas o que eu nunca tinha sentido na carne era a emoção que sua composição suscitou, e ainda suscita. E se não suscitar, se assim como eu a maioria dos nossos compatriotas a acha enjoada e meio ultrapassada, é porque não sabem de nada.

No filme, a gente aprende que "Hava Naguila" foi criada para festejar a intrínseca alegria de ser judeu que tem sua perfeita tradução nas tradições hassídicas. E, mais que isso, para contrapor-se a uma história marcada por perdas, exílios e destruição, para provar que um judeu pode perder tudo, até a si próprio de certa maneira, mas sua conexão com a satisfação espiritual ele não perde nunca — algo que nada tem a ver com religião, mas tudo a ver com a esperança de uma eterna integração, a mais que humana sensação e necessidade de pertencer a uma família.

Lá pelas tantas no filme o narrador lembra que, no entanto, essa proverbial alegria judaica tem sempre um senso de tragédia, um traço de personalidade que nunca permite a um judeu entregar-se completamente à felicidade (a não ser pelos breves minutos de duração de uma melodia), e isso, vamos combinar, é algo que conheço muito bem.

Embora nunca tenha passado pessoalmente por nenhuma das piores desgraças coletivas que nos afligiram ao longo da história, desde o remoto exílio do Egito e talvez até antes, trago em mim essa propensão ao sofrimento da qual não me livro nunca, uma sensação permanente de catástrofe iminente que aliás, ultimamente, vem se materializando a olhos vistos no Brasil que deixei para trás. E que vem se somar aos meus sofrimentos reais, tornando-os exponenciais.

Mas o que me deixou envergonhada, e acabou motivando esta crônica que nada tem a ver com nada, foi entender que com toda essa minha tendência esquizofrênica de enxergar automaticamente o lado escuro das coisas, tenho falhado miseravelmente em me deixar levar pela alegria. Mesmo que nunca abra mão de um discreto otimismo, marcante o suficiente para me levar sempre para a frente, sejam quais forem as condições que se apresentem.

Então, é o que pretendo aprender esta semana, que não deverá terminar antes que me seja concedido o "perdão" pelas minhas falhas, pelo menos as deste ano que estou quase completando (falando do ano judeu, mas também do meu primeiro ano em território americano).

Afinal de contas, vamos combinar, aquele Deus que não existe, e que se existisse pouco tempo teria para se ocupar pessoalmente dos meus dramas individuais, tem sido bom comigo. E enquanto uma onda de mui justificada tristeza toma conta da terra que deixei, prometo que me esmerarei para entender que, com toda a dificuldade e tamanho dos desafios, estou a salvo dos descalabros, segura, estável, no lugar que escolhi para viver.

Não custa lembrar que aqui neste país é tão significativo ser judeu que "Hava Naguila" passa no canal educativo na Carolina do Sul na noite de Rosh Hashaná, e não é só isso: esta semana, a fidelidade a Israel e aos judeus, embora tantas vezes ameaçada (somos seis milhões de judeus americanos, fiquei sabendo no outro dia, em resposta à questão proposta pela viciosa Ann Coulter; seis milhões, um número meio cabalístico de renascimento), foi uma das estrelas do debate republicano entre os candidatos a candidatos à presidência dos Estados Unidos.

Para toda situação nesta vida há sempre ao menos duas maneiras de se enxergar o que está por vir; no meu caso, a certeza da morte, e um norte que se descortina num horizonte pleno, se não de certezas, pelo menos de novas possibilidades. E para isto parece que não tem idade.

Então lá vou eu, cantando o meu caminho em direção ao imponderável, que, se o futuro quiser, e ele há de querer, será de renovação e surpresas gentis. Ser otimista não custa. Pelo contrário, o pessimismo é que nos mata.

Bye-bye, Brasil

Eu sei, pega até mal o título dessa crônica com o navio afundando do jeito que está, parece que estou me regozijando, feliz por ter escapado a tempo. Mas, gente, garanto que não é nada disso.

Fui pega de surpresa também quando descobri que, querendo ou não, doze meses depois de ter carimbado meu passaporte na saída sem ter voltado ao país, *voilà*, perderei daqui a exatos seis dias o *status* de residente no Brasil. Já estava até cuidando de encontrar um pequeno apartamento em Petrópolis, sei lá, para manter um ponto local e preservar minha identidade nacional quando a lei me atropelou, quer dizer, tropecei na lei que até então ignorava por absoluta falta de prática, nunca tendo me afastado da pátria por mais de um ano de uma só vez.

Pois é, meus amigos. Mamãe sempre me aconselhou a ir viver fora do país. Para o Fred, um amigo já falecido que gostava de mim de verdade (saudade!) eu só ficaria feliz se me casasse com um estrangeiro, pois para ele o meu intelecto, meu alto grau de sofisticação cultural (brincadeira, tá, mas com fundo de verdade, chega de falsa humildade) só seria satisfeito dessa forma. Não viveu para me ver satisfeita com o tal marido estrangeiro na terceira tentativa, mas, como acaba de me alertar uma amiga... Xô, depressão! Devemos focar nos bons aspectos da vida!

Essa amiga, que também deixou o Brasil pouco tempo depois de mim, e passou por um período bem pesado até encontrar a "alegria do exílio", acaba de me dizer: "Tivemos a maior sorte do mundo!"

Mamãe, meio sem querer, era uma especialista no jogo duplo: me incentivava a sair e, ao mesmo tempo, me provava que eu não podia ir. E. realmente, enquanto ela estava viva, me senti de certa maneira presa ao país, ao amor filial, digam aí.

Então, a vida sofreu certa correção de rumo, como sempre acontece se a gente esperar o suficiente, e eu estava livre para partir. Alan curtia sua vidinha mansa no trópico paradisíaco, entre tucanos, sapos, beija-flores e micos (tô falando de bichos, tá?), mas estava sofrendo pela distância dos filhos. Levou certo tempo, mas o convenci a ir, até então movida, pura e simplesmente, como tantas vezes já escrevi, pelo bem-estar do meu companheiro, e também, por que não dizer, por minha própria necessidade de partilhar com mais alguém a carga da velhice a caminho, a dele e a minha própria.

Mas enquanto esperávamos um comprador para a nossa casa, meio inexplicavelmente, um sentimento foi crescendo dentro de mim, uma espécie de mal-estar indefinido que aumentava a cada dia sem um diagnóstico preciso, algo que vovó chamaria em seu iídiche nativo de *nishguit* [nada bom]. Nada, em fevereiro de 2013 mais ou menos, indicava que viveríamos esse pesadelo que está aí. Como nunca rezei pela cartilha do PT, só via clara no horizonte a possibilidade de votar contra o partido nas próximas eleições, porque não simpatizava com o estilo da presidente. E isso era tudo, parecia ser tudo na mente consciente, mas não naquela instância superior que nem sei se existe, mas que a gente costuma chamar de "intuição", sabem como é.

Aí as eleições foram se aproximando, e o *nishguit* aumentando, e nada de a casa vender. Quando vendeu, em dois meses estávamos empacotados e prontos para embarcar, catapultados para fora do nosso paraíso que, embora a gente não soubesse, estaria perdido de qualquer maneira em poucos dias.

Pontualmente na véspera do segundo turno (perdoem, amigos, não votei, colaborei para isto que está aí), cruzávamos os céus na direção do estrangeiro — estrangeiro só para mim, é claro. O que, no nosso caso, facilitou não só a decisão, mas também as condições de futura residência, coisa que não é fácil para ninguém.

Agora, preciso confessar que nem em sonhos, quer dizer, nem nos mais sombrios pesadelos, imaginei que o Brasil chegaria ao ponto em que está hoje. Nossa sofrida geração, como têm dito outros inspirados cronistas do nosso drama cotidiano, passou por tantos descalabros que deveríamos estar vacinados, mas o Brasil nunca deixa barato. Passamos incólumes por tudo: pelos porões da ditadura, pelos cruzados da bancarrota, pelos Jardins da Babilônia...

Quem viveu, sabe. Não houve obstáculo que nos derrotasse em nossa "heroica" trajetória como "empresários da vanguarda brasileira".

Eram outros tempos. Hoje em dia me sinto velha, cansada, desesperançada... verdadeiramente desesperada a cada derrocada que nos impõe o Brasil. Mesmo fisicamente longe, sofro pelos amigos, pela família que deixei para trás, por minha própria identidade brasileira, tão entranhada que não tenho mais vida útil para me livrar de toda essa trapalhada.

Alan me consola, lembrando o sofrimento por que devem ter passado nossos antepassados, tantas vezes levados a emigrar para preservar não só a esperança de vida, mas a própria vida, deixando para trás num exílio forçado tudo e todos que lhes eram conhecidos. Nem precisa ir tão longe, basta ler os jornais a cada manhã com as ondas de migrantes atuais.

Claro que, por um lado, esse tipo de comparação é até certa falta de respeito com o sofrimento alheio, já que no Brasil nunca sofremos nenhum tipo de preconceito real, apenas a pressão da queda do real, desculpem aí o trocadilho, não resisti, foi só para aliviar mesmo. O que nos empurrou para fora não foi a ameaça de extermínio racista que sufocou os judeus na Alemanha nazista, por exemplo, ou os xiitas ou sunitas na Síria de hoje, não sei, perdoem a confusão (Alan simplifica, diz que os discriminados são cristãos), mas pura e simplesmente uma exaustão econômica, nada mais que isso.

Mas, por outro lado, quando vejo meu amigo Caetano descrever como o brasileiro nas ruas anda acabrunhado, quando vejo os editoriais despejarem desesperança por todo lado, quando uma amiga descreve que "a crise me pegou como a milhões de outros, tudo por culpa de ladrões sem-vergonha na cara" (enquanto vou escrevendo meus amigos me mandam subsídios por todos os meios conhecidos, no Skype, no Facebook e por e-mail, e eu vou ajuntando), quando aquele meu amigo empresário importante, sempre tão calmo e ponderado, grita no telefone dizendo que "não quer colaborar em nada com esse bando de ladrões" e que o ministro da fazenda (com minúsculas, por favor) "não passa de um imbecil", percebo que no Brasil o buraco é mais embaixo.

Perdoem-me a comparação, mas enquanto na Alemanha nazista o governo encontrou um bode expiatório e o explorou da maneira mais abjeta possível para aumentar a autoestima de sua população "nativa" imersa na ruína (não estou sugerindo nada, pelo amor de Deus), eliminando seis milhões, no Brasil o governo faz de refém uma população inteira, destruindo as esperanças de mais de 200 milhões.

No nosso caso, felizmente, a consciência moral ainda não atingiu uma derrocada definitiva, não afetou (ainda) nossos princípios fundamentalmente humanos como nos países dominados pelo terrorismo e outros ismos detestáveis. Nossos males são só financeiros, quiçá passageiros; ainda somos em certa medida o país do Carnaval, um povo afável, um sonho de consumo do turista estival (que ainda não sabe da missa a metade, por incrível que pareça), e para manter isso, esse fio mínimo e quase esgarçado de esperança de um próximo resgate da alegria e felicidade que todos merecemos, vejo apenas uma solução: eliminar o mais rápido possível a corja que nos denigre, mancha a nossa reputação e rouba o futuro, não apenas nosso, mas de ~ssos filhos e netos.

Espero que todos vocês, brasileiros que estão aí, com a força moral, que é o que podemos mandar daqui, encontrem em breve uma solução para os nossos problemas, antes que eles aumentem ainda mais, porque na verdade ninguém sabe até onde o desespero pode nos levar. E a sombra humana, não custa lembrar, é abjeta, não conhece limites. Tudo sempre pode piorar, e se nada fizermos, ninguém sabe onde tudo isso vai parar.

Impeachment já.

Desculpem o destempero, mas é do temperamento desta cronista, tá?

O DESAFIO DA LÍNGUA

À medida que vai se aproximando o fim desta saga, digo, do meu primeiro ano em solo americano, torna-se obrigatória uma reflexão sobre o que me move, o que pretendo, para onde ir, agora que estou aqui.

E nada me parece tão difícil, e tão distante, quanto a conquista do desafio de dominar a língua inglesa, deixando claras, claro, duas coisas. A primeira é que não recebi nenhum almoço grátis, não se enganem; quem pretende emigrar não pode se permitir se enganar. Cada passo trilhado foi complicado, angustiante, mas quando ultrapassado, ficou no passado. Seguimos adiante.

Quanto à minha proficiência no novo idioma, digamos, preciso me demorar mais no assunto, um ponto crucial no meu relacionamento com o Alan, que tanto me pressionou, como me humilhou, me fez sofrer, chorar, me rebelar. Enquanto vivíamos no Brasil, eu tinha todas as condições de relegar esse tipo de aborrecimento ao segundo plano, se é que vocês me entendem. Minha sobrevivência não dependia disso. Eu tinha o domínio, não só do ambiente circundante, mas também do nosso casamento. Afinal de contas, falar e escrever para mim, assim como editar e até traduzir, tudo em português, eram atividades naturais, condições nas quais eu tinha crescido e navegava quase inconsciente, com total desembaraço. Assim como todos vocês aí no Brasil.

Chegando aos Estados Unidos, as coisas mudaram de escala, e de figura. Embora para a maioria falar inglês seja um ato automático, para mim cada palavra enunciada passou a ser um desafio monumental, com a óbvia exceção dos habituais "onde é o banheiro", "por favor", "obrigada", passando pelo coloquial *"the book is on the table"*.

Fui levando, enquanto se impunham as demais prioridades. Mas em certo ponto a realidade desabou sobre a minha cabeça: com o dólar nas alturas e subindo cada vez mais, minha única chance de sobrevivência futura, nem ousando o "sonho americano", seria me inserir no mercado local, embora mantendo o meu prestígio no solo nacional. Brasileiro, digo.

Desde que aqui cheguei, embora a KBR esteja enfrentando a crise brasileira com agenda cheia e compromissos na mesa — toc toc toc —, o valor de todos os meus contratos foi reduzido a menos da metade: é o lado negro de uma crise que não deixa ninguém de lado, ou vocês pensaram que bastava ter conseguido sair a tempo do nosso combalido país?

Custei, mas o choque se impôs, e através de um convite que parecia positivo, um passo certo na direção ambicionada. Quando o convite veio, exultei. Iria publicar minhas crônicas numa revista, e em inglês! Que sucesso, não?

Minha meta estava ali, claramente definida. Me tornaria conhecida, e daí em diante poderia me estabelecer como tradutora, e até quem sabe editora num país em que educação e cultura não estão relegados ao último elo da cadeia social, como no Brasil.

Não seria tão fácil como a princípio parecia, se é que alguém pode considerar "fácil" tantos anos de treino numa língua estrangeira mais a disposição de enfrentar qualquer desafio. Meu currículo facilmente incluiria mais de 20 títulos que eu até podia não ter traduzido sozinha, mas tinha revisado e preparado para publicação, posto no mercado. Maravilha.

Tinha gato escondido. A princípio tentei reagir, reclamar, vítima de coisas demais para resolver. Mas o gato estava fora do saco, minha gente. Não havia como enfiá-lo de volta sem muito trabalho e muito sofrimento.

Eu ouvira muitas vezes autores brasileiros comentando como seu trabalho havia sido adulterado na tradução, parecendo até bem conformados com isso, pois "se assim não fosse jamais entrariam no mercado global em inglês". Mas descobri na carne que, na maior parte das vezes, o problema mais sério dessa adaptação não é a qualidade da tradução, mas sim do texto original. Outros valores, muito diversos dos nossos, norteiam a noção de qualidade literária na língua inglesa, e mesmo que optasse por ser revisada por profissionais locais, percebi que a questão envolveria uma profunda reavaliação do meu próprio trabalho de autora, e que sorte a minha que poderia me dispor a enfrentá-la eu mesma.

Enquanto durou, foi até divertido culpar o Alan — meu personagem favorito, sem o qual, reconheço, minhas crônicas não teriam a metade da graça — pelo tédio que ele demonstrava enquanto editava meus textos. Afinal de contas, como me disse uma amiga psicanalista a título de consolo, "já estava fora de moda marido despeitado com o sucesso da esposa".

Pois bem. Confrontada com uma crise existencial de monumentais proporções, vi-me reduzida a duas opções: ou abriria mão para sempre daquilo que me é essencial e me faz mais feliz, ou me disporia a reaprender a escrever na marra. Optei pela segunda. Veremos até onde chegarei.

Estou nesse ponto agora, entre desencorajada e esperançosa. Pode ser que prossiga. Pode ser que desista. Em ambas as situações não serei poupada de muito trabalho, grandes desafios e até um toque de humilhação. O bom é que ultrapassei o pico da crise depressiva. Ou não. Outros picos virão.

Talvez minha produtividade seja afetada, e eu não compareça com novos textos com a costumeira regularidade. Minha prolixidade certamente sofrerá, e estando a ela confrontada, não poderei me obrigar a nada. Se no meio disso tudo eu sumir por alguns períodos, já sabem. Estarei ocupada em me reinventar. Mas eu volto. Podem esperar.

Noga Sklar nasceu em Tibérias, Israel, em 1952. Cresceu em Belo Horizonte e viveu por 30 anos no Rio de Janeiro, cidade que deixou para se refugiar com seu marido Alan num paraíso entre as montanhas de Petrópolis. Apesar das muitas mudanças e da crescente universalidade de seus temas, mantém-se uma escritora mineira com certeza.

Suas crônicas são reunidas uma vez por ano em um volume publicado pela KBR. Assim, Noga tornou-se autora de uma permanente "autossaga", da qual *Welcome to America* é o 13° volume.

Atualmente, vive com seu marido Alan Sklar em Greenville, na Carolina do Sul, para onde se mudou em outubro de 2014.

E-mail: noga@nogasklar.com

www.ingramcontent.com/pod-product-compliance
Lightning Source LLC
Chambersburg PA
CBHW021231250626
47155CB00008B/2958